著名国画家康宁赠画

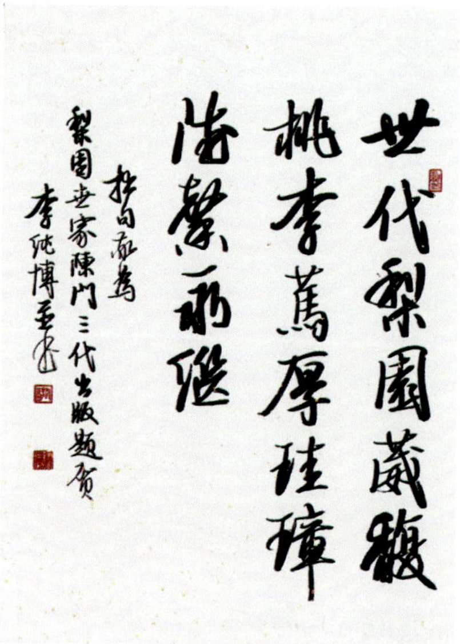

中国书法家协会理事李纯博先生题词

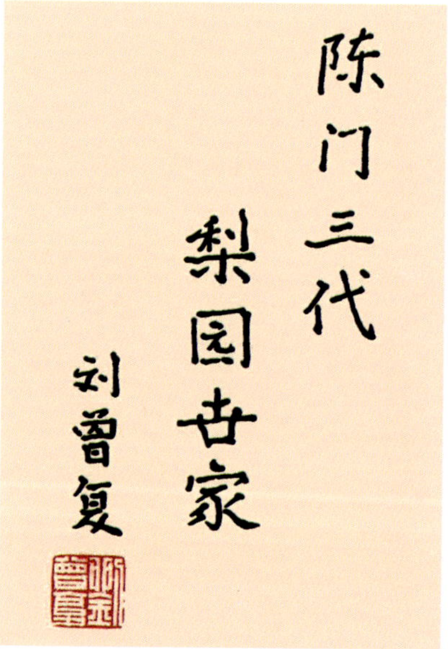

刘曾复先生题词

国家一级演员、著名画家李嘉存先生赠画

（天津）爱新觉罗毓宜女士为本书出版赠画

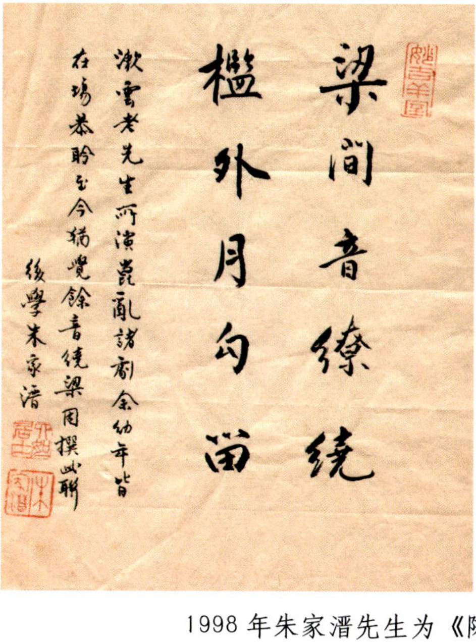

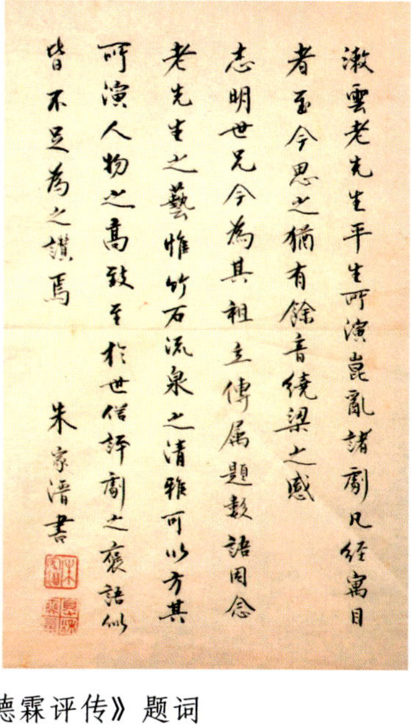

1998 年朱家溍先生为《陈德霖评传》题词

（上海）李少琪先生为本书出版治印

陈门三代梨园世家

陈志明　主编

學苑出版社

目 录

附录

序 言

我们陈家原籍山东省黄县，汉族。从我祖父陈德霖、父亲陈少霖至弟弟陈志清已连续三代都从事梨园行的工作，并取得一定的成绩。特别是我的祖父陈德霖，他出身于程长庚主办的四箴堂科班，自出科以来从未停止过演出活动，直到1930年7月27日病逝，舞台生活近60年。齐如山先生曾撰文认为陈德霖是京剧旦行划时代的代表人物。他晚年收徒授艺，极为认真。梅兰芳先生就是我祖父最喜欢的弟子之一，很多京昆剧目都受到我祖父的指点。

我父亲陈少霖是民国时期著名的余派老生演员，1930年—1935年曾得到姐丈余叔岩的亲传。以后为了养家糊口又在1936年与范钧宏、马少襄同时拜在张春彦门下，边学戏，边搭班唱戏。当时父亲是二牌老生中的佼佼者，邀他合作的演员很多，但与张君秋先生合作时间最长。1952年父亲加入张君秋为团长的联谊京剧团担任副团长。同年10月联谊京剧团改名为北京市京剧三团，当时演出很频繁，收入颇丰。父亲常演的剧目有《骂曹》、《失·空·斩》、《探母》等余派代表剧目，又与张君秋排演了一些新戏。1956年底随团并入北京京剧团任办公室主任，直到1965年因病提前退休。

弟陈志清为北京京剧院著名余派老生，一级演员。1987年由山西省京剧团调回北京，在北京京剧院二团担任主演，与张学津、杨淑蕊、王文祉、叶金援、黄德华等合作。常演的剧目有《四郎探母》、《奇冤报》、《洪羊洞》、《杨家将》、《珠帘寨》等，新编历史剧和现代戏有《画龙点睛》、《沙家浜》、《杜鹃山》等，深受观众好评。2001 年退休后又应邀在中国戏曲学院任客座教授。

弟陈志忠为著名业余琴师，经常在东城区文化馆京剧队演出，为众多票友伴奏。《陈志清余派老生唱腔选》CD 盘及陈志清在中央电视台教唱京剧均由陈志忠担任伴奏。2009 年 8 月名票何思凝在北京举办余派老生选段演唱会，也邀请陈志忠担任琴师。

本书的编辑出版是我们多年的愿望，一则为纪念和留存，二则想为广大京剧爱好者提供一些少见的照片和有用的资料。本书的编辑得到了大家的支持。著名国画家康宁题写书名并赠画，国家一级演员、著名画家李嘉存赠画，著名京剧研究家刘曾复、中国书法家协会理事李纯博题词。此外张印协助审稿，韩君为封底治印，在此我们一并表示感谢！

本书虽由我来执笔编写，但离不开志嘉、志清、志忠的大力协助（包括照片、资料的收集复制、审稿、部分出版资金的赞助）。由于水平所限，恳请方家指正。

陈志明

2013 年 10 月

第一代——陈德霖

祖父陈德霖，名鋆璋号漱云，又号漱芬，小名石头。原籍山东黄县（现划归烟台市管）。其祖世寿，曾任山东青州副都统，其父名广志在山东武定府业粮行。父病故后，随母亲滕氏来北京投亲。因生活困难，他9岁入全福昆腔科班。该班为恭亲王所成，主其事者有周阿长、徐阿妮、杜阿五、陈寿彭、陈寿图等。后因故全福散，遂入四喜班，时梅慧仙主四喜。约一年因咸丰国丧，四喜散，改入三庆班，时年12岁。

初习昆旦后又习乱弹，能戏不下三四百出。同门师兄弟有殷如海、孙二官、张琪林、陆杏林、叶福海、钱金福、侯又云、李成林、李寿山等。他从学的教师有朱洪福、朱莲芬、沈芷秋、章丽秋、沈阿寿、孙彩珠、杜阿五、徐小香、胡喜禄、田宝琳等。清光绪五年（1879年）18岁未满科时，曾参加两次堂会演出，参演剧目有：与杨月楼《探母》，与小叫天《御碑亭》，与卢胜奎《桑园寄子》，与李六儿、李七儿《金山寺》，与陆杏林《戏目连》。这次演出他受到清末徐颂图相国的提携。相国曾语徐小香："此子必成大器。"出科后他又向编腔能手孙汝梅（号春山）请益。西太后六旬寿时，曾应邀入宫演出，宫中用名陈得林系西太后所赐。

祖父历搭三庆、福寿等班，常与杨月楼、谭鑫培、贾洪林、王凤卿、余叔岩、梅兰芳、程砚秋、黄桂秋等合作。天津、汉口、沈阳、保定、南京等地为出外演出地点。1930 年 7 月陪弟子黄桂秋演于天津春和大戏院，因天气闷热，回京后即卧病在床，7 月 27 日因伤寒病逝于故居百顺胡同 26 号。

祖父一生收徒甚众。梅兰芳、姚玉芙、王琴侬、王蕙芳、姜妙香、王瑶卿、黄桂秋、韩世昌等均向祖父问艺。王瑶卿虽未正式拜师，但在 1902 年由我祖父举荐进宫承差，按宫里规定应向举荐人称老师，由于从师承关系上说王瑶卿与我祖父为平辈，故给他上了一个“老夫子”的称号，“老夫子”就这样流传开来。

祖父初娶老师沈芷秋之长女，生二女，长女淑铭适余叔岩，次女淑贞未嫁。后又续娶时小福之女，生二子，长子少云，次子少霖，均由王月芳先生开蒙学老生。

对祖父艺术的评价，我想引用著名戏曲评论家苏雪安先生 1958 年所写的《京剧前辈艺术回忆录》的一段文字：

> 陈德霖为近四十年来京剧界青衣行的一支柱石。梅兰芳先生最尊重这位老夫子（德霖行辈较前，因此人称为老夫子），并且私淑的地方很多。老夫子出身是昆曲，因此他的口劲最好，往往一个字念出来，非常锋利。但是也有人批评他唱的时候不吐字，因而字音含糊。我认为这个说法是不顶正确的。这是把听花脸老生的唱法来要求青衣、要知道青衣有青衣的唱念方法。首先注意到不能裂开嘴去咬字（学的时候，应该常常对着镜子唱念，才能校正口腔开阖时的某些缺点）。老夫子是昆曲底子，嘴里不可能不讲究，问题是在老法青衣，过于重音调，而很少注意把字音吐到口外来，所以听起来就比较模糊了。可是一听到老夫子的念白，那简直就是昆曲的念法，清脆无比。举个例来说：我曾经数听他的《三击掌》，最后所念“你们舍不得三姑娘，三姑娘焉能舍得你们？”几句白口，可以说一时无两。

我听过老夫子很多的戏，如《南天门》、《审头刺汤》、《三击掌》、《彩楼配》、《探寒窑》、《大登殿》、《二进宫》、《教子》、《孝义节》等，不及备数。他的昆曲更地道。像《出塞》、《游园》、《惊梦》、《奇双会》（只能算乱弹）等，自有独到处。有一次他和梅兰芳先生的《游园惊梦》，他去杜丽娘，梅先生去春香。当然，那个时候老夫子已经有六十多岁了，人又长得胖些，要问扮相，自然不会理想，可是歌情舞态，处处到家，决不是后人所能企及。

陈德霖（1862 年—1930 年）

《雁门关》陈德霖饰萧太后（1929 年）。

（左起）陈少霖、陈德霖、陈少云合影。

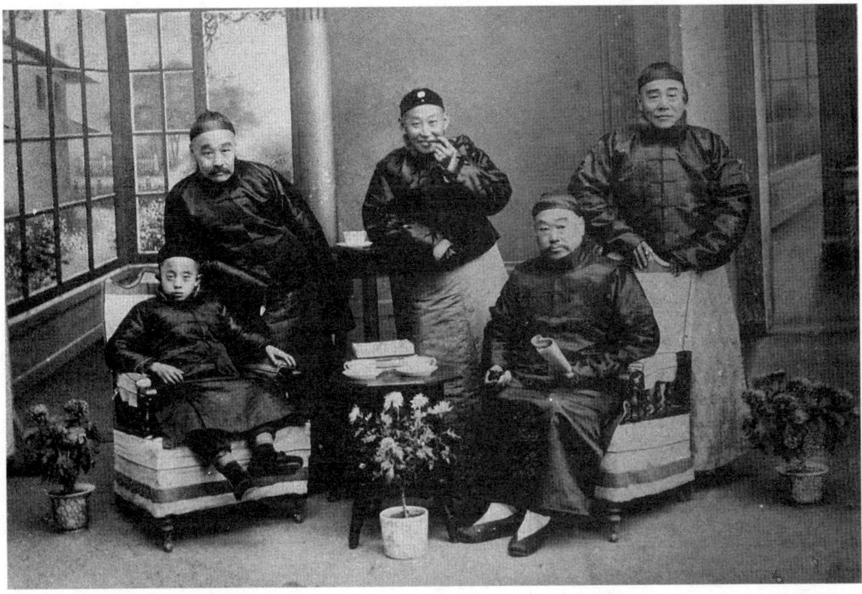

（左起）曹心泉、侯俊山、陈德霖拜把子合影（1919 年）。右座者为举香人，左座者为侯俊山之孙。

陈德霖之全家合影（1913 年），前排左起：陈时氏、时小福夫人、时慧宝、陈德霖、（前站者）陈少云、陈少霖。

陈德霖故居（1900 年前后居此）——百顺胡同老门牌 26 号

清光绪末年名伶合影，右起：陈德霖、赵介卿、杨朵仙、赵子仪（下坐）、赵子仪之兄（后立者）、朱文英（坐者）、茹莱卿。

清光绪末年陈德霖便装

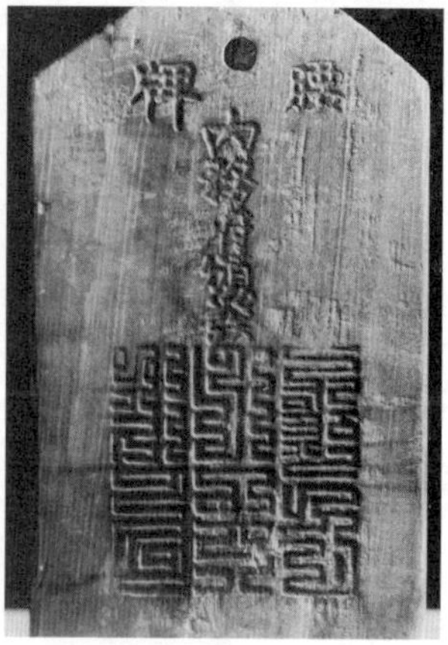

陈德霖进宫承差之腰牌正面（左）反面（右）

左起：陈少霖、陈少云、余慧文、陈时氏、陈淑铭、陈淑贞。

梨园四皓，左起:陈德霖、叶庸方（站立)、龚云甫、王长林、张荣奎（站立)、钱金福。

陈德霖、茹莱卿等著名艺员合影留念，右起第三排：贯大元、姜妙香、孙惠亭、高联奎、王蕙芳、钱恩瑞；右起第二排：王琴侬、何卓然、赵桐珊、梅兰芳、姚玉芙、王瑶卿、高庆奎、迟玉奎；右起第一排：陈嘉梁、陈德霖、茹莱卿。

陈德霖与苏少卿（左）等友人合影（1929 年）。

陈德霖晚年便装

1919年冬摄于汉口，左起：王蕙芳、陈德霖（前坐）、王瑶卿、梅兰芳、姚玉芙。

1921年阴历九月初五日于无量大人胡同梅家小客厅前合影，左起：姚玉芙、王琴侬、姜妙香、王蕙芳、王瑶卿、梅兰芳，前坐陈德霖。

瘦云轩受贺图

1921 年阴历九月初五日为贺陈德霖先生六十寿辰，梅兰芳代表诸弟子祝寿。该幅由丝绸堆制的作品，由上海春生堆制。左起：姚玉芙、姜妙香、王蕙芳、陈德霖（中坐）、王瑶卿、王琴侬、梅兰芳。

陈半丁绘

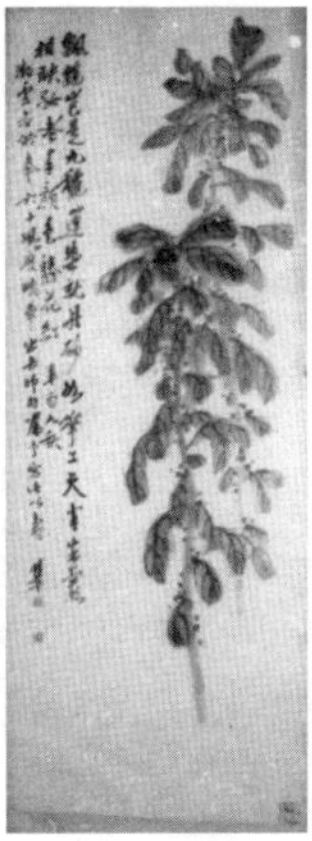

王云绘

陈师曾绘

凌文渊绘

贺履之绘

王蕙芳绘

名画家祝寿（陈德霖先生六十寿辰）画作

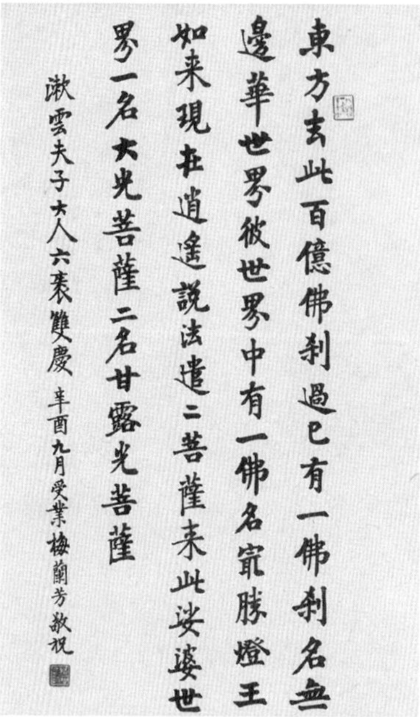

梅兰芳抄经祝寿。

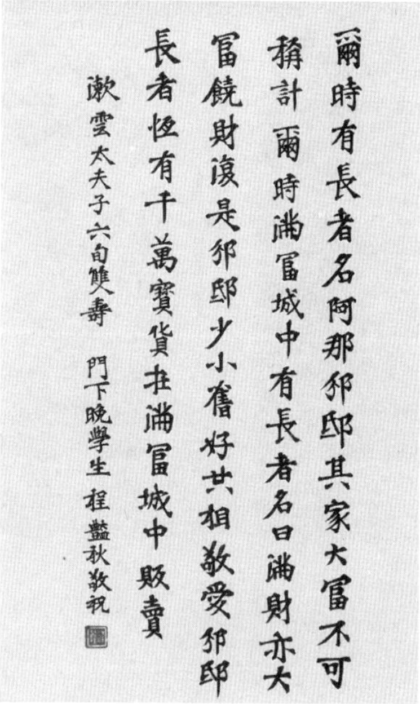

程艳秋抄经祝寿。

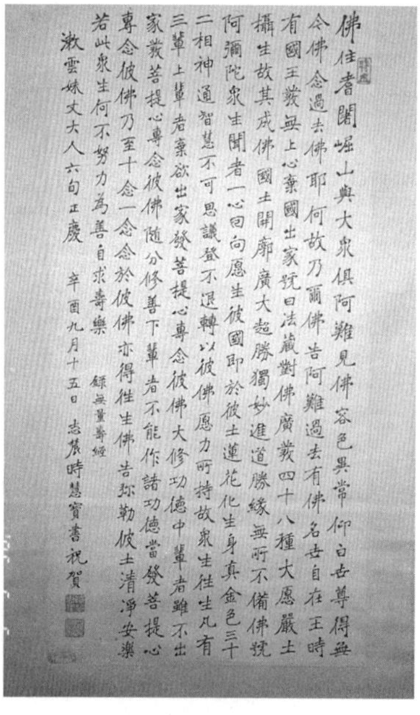

时慧宝抄经祝寿。

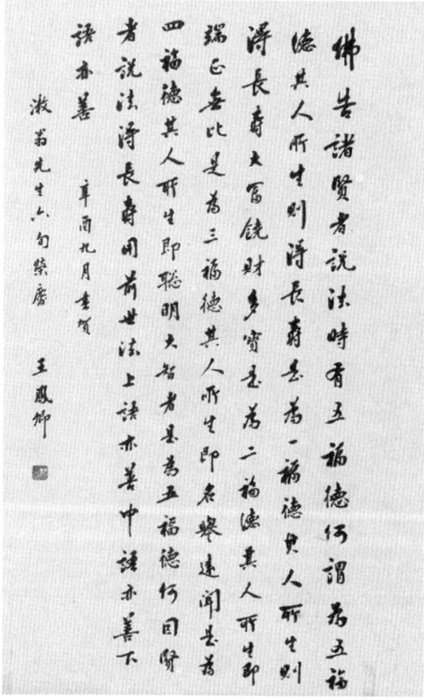

王凤卿抄经祝寿。

余叔岩《定军山》饰黄忠。

陈德霖、余叔岩翁婿合影。

在陈彦衡家合影，左起：丁辑甫、余叔岩、陈彦衡、陈富年。

《雁门关》剧照，左起：王楞仙（饰杨八郎）、陈德霖（饰萧太后）、钱金福（饰韩昌）。

《断桥》陈德霖饰白蛇、余玉琴饰青蛇。

杨小楼、陈德霖便装合影

《桑园寄子》陈德霖（左）饰邓之弟媳，贾洪林（右）饰邓伯道。

《落花园》陈德霖饰陈杏元。

《长坂坡》俞菊笙饰赵云、陈德霖饰糜夫人。

《百花赠剑》陈德霖饰百花公主、王楞仙饰海俊。

《琴挑》陈德霖饰陈妙常、王楞仙饰潘必正。

弟子梅兰芳、韩世昌《游园惊梦》

弟子梅兰芳、姜妙香《奇双会》

弟子黄桂秋《御碑亭》

李吉甫组织名伶与票友联欢合影（1930年3月10日）。前排左起：李寿山、赵晋卿、龚云甫、吴君、张小山、袁德亮、来伴琴、陈德霖、李吉甫；后排左起：程子余、吴顺林、龚干章、吴彩霞、余玉琴、张星阶、阎岚秋、余又琴、朱素云、郭仲衡、尚和玉。

陈德霖与弟子姚玉芙、王蕙芳、王瑶卿、梅兰芳合影。

1927 年北京梨园公会欢迎上海夏月润到京合影（局部），前排左起：梅兰芳（左一）、王琴侬（左五）、谭小培（左四）、陈德霖（左六）、蔡荣桂（左二）（阎岚秋家存）。

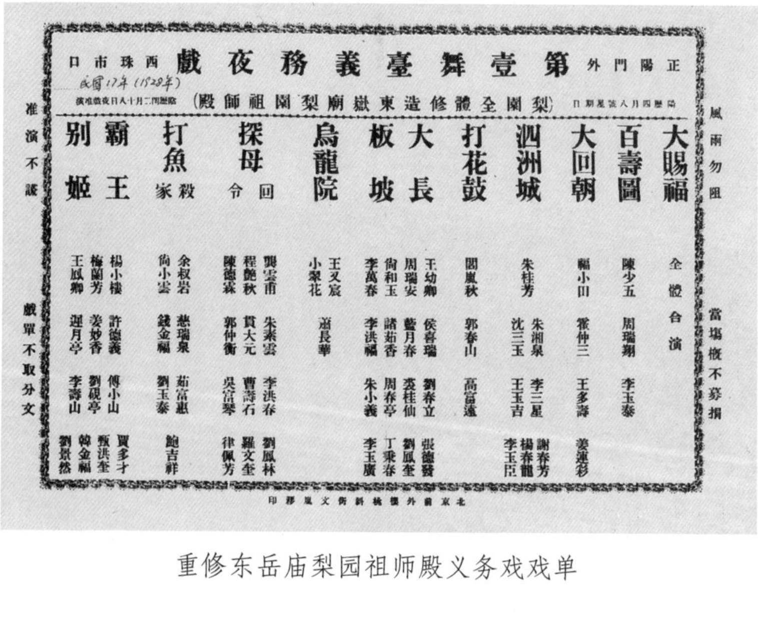

正陽門外　第壹舞臺義務夜戲　西珠市口

民国17年（1928年）

陽曆四月八號星期日　（梨園全體修造東嶽廟梨園祖師殿）　陰曆閏二月十八日夜敬准演

風雨勿阻　當場概不募捐

大賜福　全體合演

百壽圖　陳少五　周瑞翔　李玉泰

大回朝　福小田　霍仲三　王多壽　姜連彩

泗洲城　朱桂芳　朱湘泉　沈三玉　李三星　王玉吉　謝春芳　楊春龍　李玉臣

打花鼓　閻嵐秋　郭春山　高富遠

大長板坡　王幼卿　周瑞安　侑和玉　李萬春　侯喜瑞　藍月春　諸茹香　李洪福　劉春立　裘桂仙　周春亭　朱小義　張德發　劉鳳奎　丁秉春　李玉廣

烏龍院　王又宸　小翠花　蕭長華

探母回令　龔雲甫　程艷秋　陳德霖　朱素雲　貫大元　郭仲衡　李洪春　曹壽石　吳富琴　劉鳳林　羅文奎　律佩芳

打魚殺家　余叔岩　尚小雲　慈瑞泉　錢金福　茹富蕙　劉玉泰　鮑吉祥

霸王別姬　楊小樓　梅蘭芳　王鳳卿　許德義　姜妙香　遲月亭　傅小山　劉硯亭　李壽山　賈多才　甄洪奎　韓金福　劉景然

准演不誤　戲單不取分文

北京前外楊梅竹斜街文鳳祥印

重修东岳庙梨园祖师殿义务戏戏单

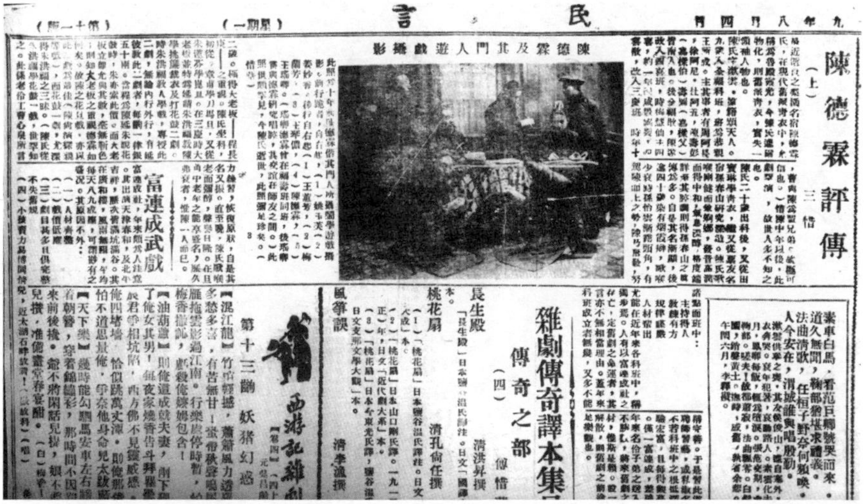

民言

陳德霖評傳（上）

三惜

陳德霖及其門人遊戲攝影

雜劇傳奇譯本集

傳奇之部

富連成武戲

西遊記雜劇

1930 年陈德霖病逝后，8 月 4 日北平《民言报》发表三惜悼念文章《陈德霖评传》。

1930 年 8 月 6 日虎坊桥路口梨园界公祭陈德霖先生。姚玉芙、杨宝忠、王少卿、袁德光、余叔岩、李香匀、汪师傅、陈少霖、陈少云、李万春、王蕙芳、吴稺禅、项鼎新、时慧宝、李永利、江长生等合影。

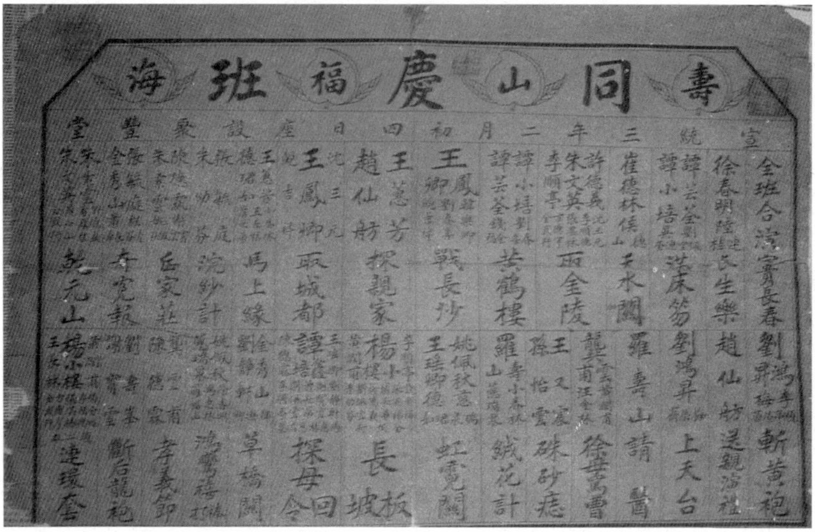

清宣统年间同庆班之堂会戏单

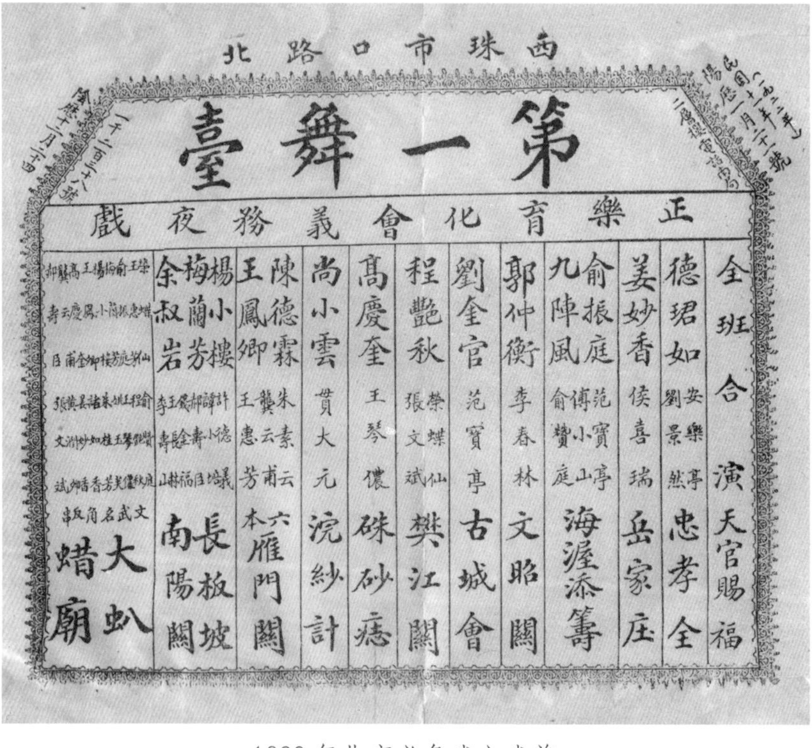

1922 年北京义务戏之戏单

1919 年汉口合记大舞台戏单

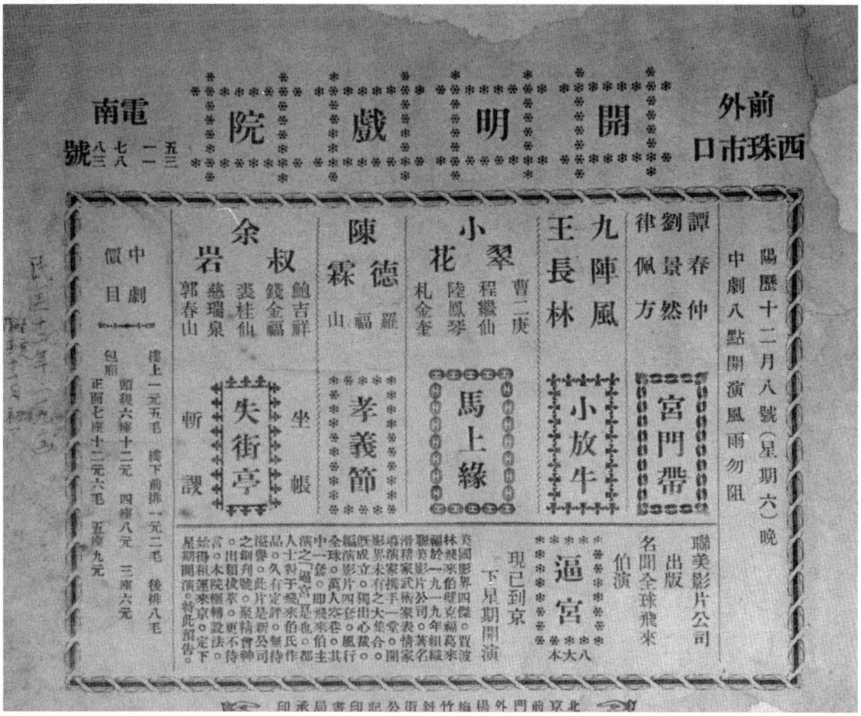

1923 年北京开明戏院戏单

鲜鱼口内 华乐园 九号星期三夜戏
特约青衣花衫泰斗 程艳秋
特请著名艺员 陈德霖
慈瑞泉 姜妙香 曹二庚
李多奎
四郎探母
周瑞安
侯喜瑞
芙蓉草
华乐园 (星期三)夜戏
王少楼
李洪春 吴富琴
文亮臣 李洪福 马连昆 何喜春

鲜鱼口内 华乐园 男女合演 庆盛社
高庆奎
郝寿臣
李慧琴
陈德霖
四郎探母

1930 年北平戏广告

春和大戏院
茹富兰 陈德霖 黄桂秋 贾大元 芙蓉草
韩富信 张连廷 贾多才 茹富蕙 王又荃 蒋少奎 陈富康 钱富川
今天日场大戏准二时开演
黄桂秋 贾大元 茹富兰
今天晚场大戏准八时开演
茹富兰 陈德霖 黄桂秋 贾大元
电影
黑猫
日场票价

1930 年 7 月天津戏广告

第二代——陈少霖

父亲陈少霖字沛如，小名二套，自号春阳居士，生于北京。自幼聪慧，由王月芳开蒙学老生，10 岁时拜陈秀华为师学老生戏。1924 年刘砚芳组织荣华社科班，父亲曾借台演戏，一同演出者有刘宗杨、杨宝森、王少芳等。

1930 年前后父亲随姐丈余叔岩学戏五年，学会《洪羊洞》、《宁武关》、《一捧雪》三出戏。后因余叔岩续娶之姚女士与陈家关系紧张，再加之有要养家糊口等客观原因，1936 年又拜张春彦先生为师，一边学戏，一边在师傅带领下搭班唱戏。像《状元谱》、《盗宗卷》、《辕门斩子》、《白帝城》、《定军山》等都是向张先生学的。

1934 年以后，父亲开始搭各班社演出，以二牌余派老生的名义为李香匀、华慧麟、金少山、章遏云、赵啸澜、孟广亨、筱翠花、程砚秋、南铁生、李玉茹、毛世来、吴素秋、黄桂秋、荀慧生、赵燕侠等挎刀，演出于京、津、沪、汉各地，受到观众的欢迎。其中和张君秋合作时间最长。1952 年张君秋在北京组织联谊京剧团，约我父亲合作（任副团长），主要演员有冀韵兰、高维廉（后由刘雪涛接替）、朱金琴、耿世华、慈永胜、李四广、任志秋等 40 余人。主要采取全国各大城市巡回演出的方式，各演职人员固定“分数”，而“分值”则根据营业情况决定。张君秋每场戏拿 60 分，我父亲拿 20 分，以下根据情况，分数逐减，龙套最低者拿 1 分。由于营业收入好，几乎每年有一半以上的时间出外巡演。据 1952—1956 年在北京的不完全统计，父亲演出剧目如下：《失·空·斩》、《骂曹》、《怜香伴》、《王宝钏》、《八大锤》、《捉放曹》、《打棍出箱》、《搜孤救孤》、《黄金台》、《金水桥》、《开山府》、《定军山》、《探母》。这几年北京市京剧三团为民营公助性质，业务上团长、副团长有较大的支配权，排演什么戏都由自己安排，遇周六日日夜两场，演员收入高，演出积极性也高。与张君秋合作的戏有《探母》、《二进宫》、《金水桥》、《朱痕记》、《英台抗婚》、《诗文会》、《三娘教子》等。1956 年 9 月为庆祝北京市京剧工作者联合会成立，抽调全市优秀演员演出《锁五龙》、《虮蜡庙》、《四郎探母》。父亲与李和曾、奚啸伯、谭富英、马连良分饰杨四郎，张君秋、吴素秋分饰了铁镜公主，姜妙香饰杨宗保，李多奎饰佘太君，李砚秀饰四夫人，尚小云饰萧太后，萧长华、马富禄饰二位国舅。全场演出紧张有序，演员各显其能，获得圆满成功。1956 年底父亲随团并入北京京剧团，任办公室主任（这是兼职，不能影响日常的演出）。演出除与君秋继续合作外，与裘盛戎合演过《断密涧》、《林则徐》；与李多奎合演过《雪杯圆》；与马连良、谭富英合演过《官渡之战》等。

1962 年父亲患了食道癌，入阜外医院请吴英凯大夫做了手术，一直在家休养。1965 年退休。1967 年癌症转移，于当年 7 月在京病逝，终年 57 岁。

1932 年父亲与母亲朱毓慧（名武旦朱桂芳之长女）结婚，共生子女五人，长子志嘉、次子志明、三子志清、四子志忠，女玉薇（1981 年病逝）。母亲朱毓慧 1996 年病故，与父亲骨灰合葬于西郊万华山侧。

陈少霖（1911 年—1967 年）

陈少霖与恩师张春彦先生合影（1936 年）

《击鼓骂曹》陈少霖饰祢衡。

《四郎探母》陈少霖饰杨延辉。

少年时代之陈少霖

青年时代之陈少霖

（左起）赵淑霞（赵仙舫之女）、陈少霖、袁大姑妈合影

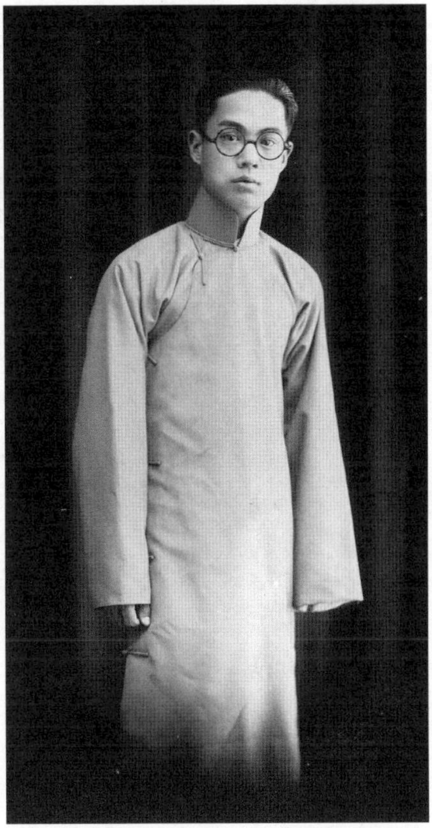

陈少霖早年便装照

陈少霖着西装全身照

陈少霖居家便装照（之一）

陈少霖居家便装照（之二）

陈少霖居家便装照（之三）

陈少霖在北海公园留影。

1932年10月陈少霖朱毓慧结婚时与来宾合影。前排左起为余慧文、余慧清，右二时青山；中间戴帽者为陈少霖之母亲陈时氏。

陈少霖、朱毓慧合影（1933年）

陈少霖与朱毓慧合影（右：1932 年，左：1944 年）

陈少霖之岳父朱桂芳之《金山寺》青蛇

余叔岩赠陈少霖之扇面（1932 年）

陈少霖与名琴师王瑞芝（左）合影

陈少霖化装程序谱（乐咏西摄赠）

1. 洗脸

2. 戴头网吊眉

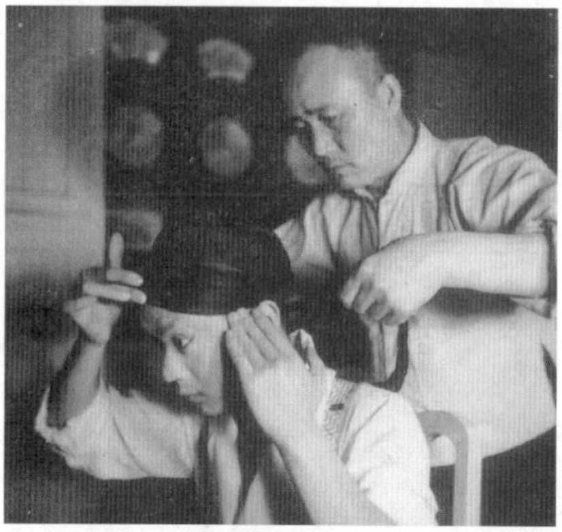

3. 戴水纱

4. 完成头部化装

5. 穿彩裤

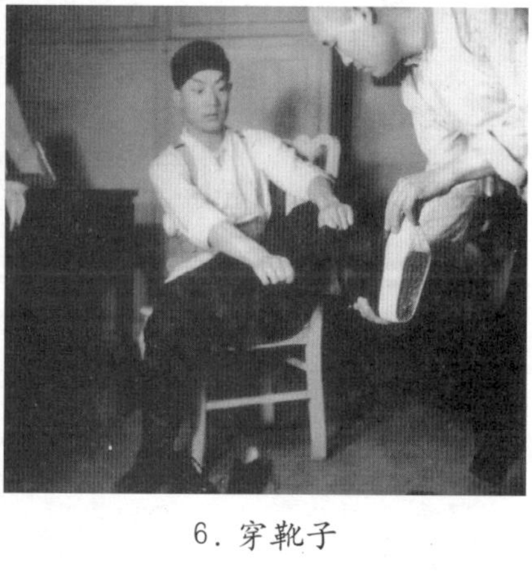

6. 穿靴子

7. 穿胖袄

8. 衬护领

9. 穿衬褶子

10. 穿褶子

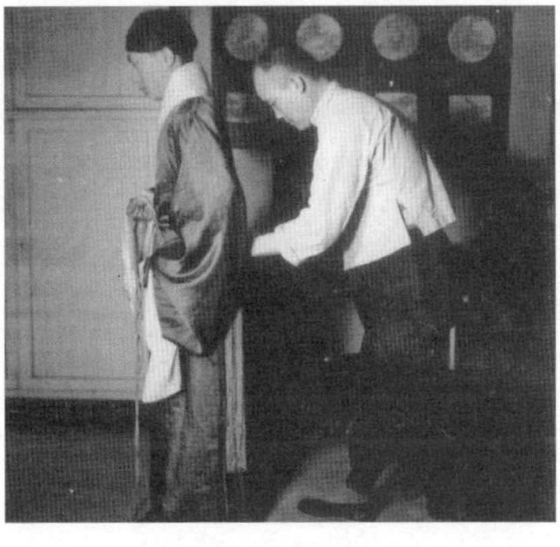

11. 系绦子

12. 戴高方巾

13. 戴髯口

14. 完成

《珠帘寨》陈少霖饰李克用。

《打渔杀家》李香匀饰萧桂英（左）、陈少霖饰萧恩。

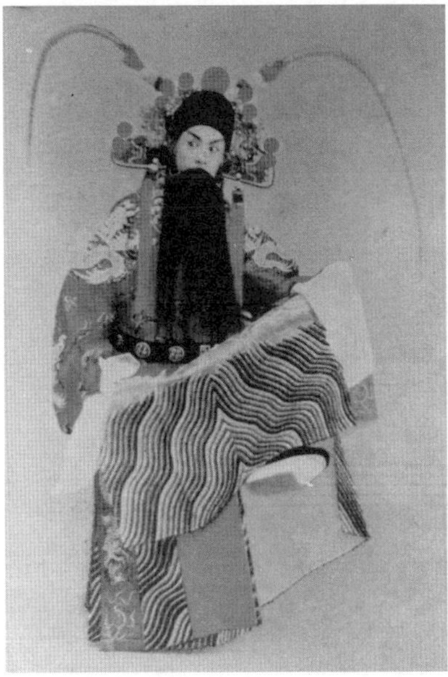

《四郎探母》陈少霖饰杨延辉。

《翠屏山》陈少霖饰石秀。

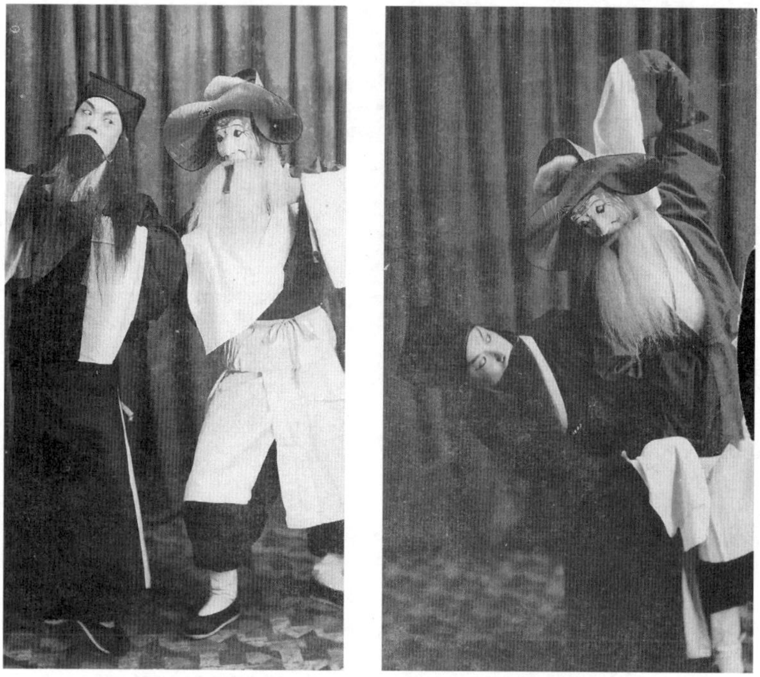

《问樵闹府》陈少霖饰范仲禹、萧盛萱饰樵夫。

《击鼓骂曹》陈少霖饰祢衡。

《连营寨》陈少霖饰刘备。

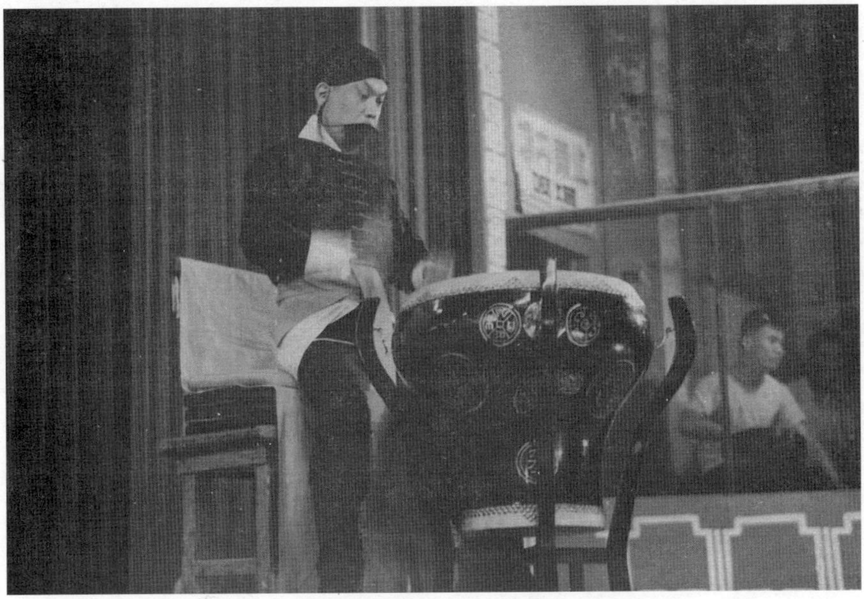

《击鼓骂曹》陈少霖饰祢衡。

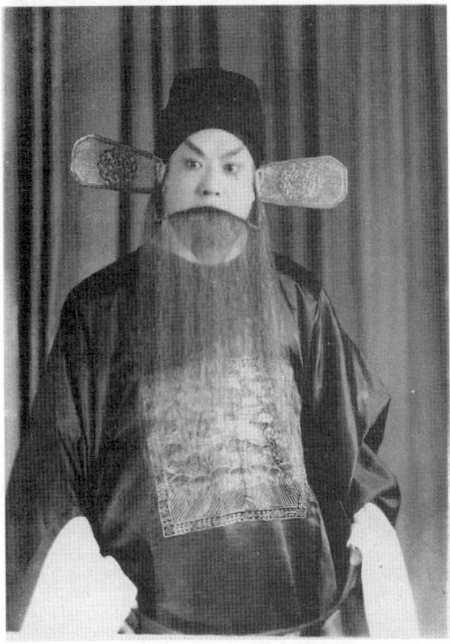

《盗宗卷》陈少霖饰张苍。

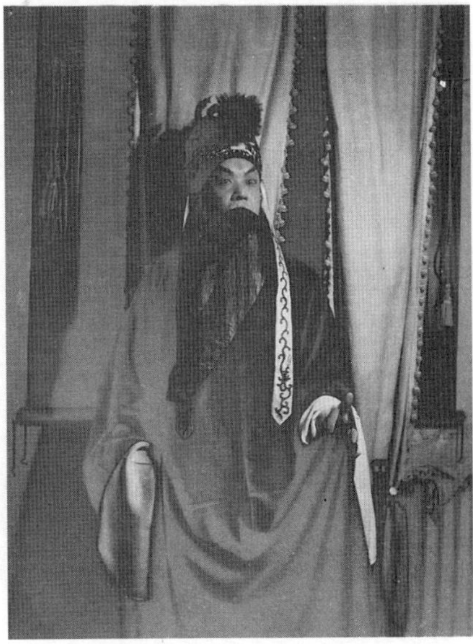

《朱痕记》陈少霖饰朱春登。

陈少霖与程砚秋等合影留念。

（左起）刘连荣、张春彦、吴富琴、孙甫亭、陈少霖合影

程砚秋、陈少霖之《汾河湾》

《定军山》陈少霖饰黄忠。

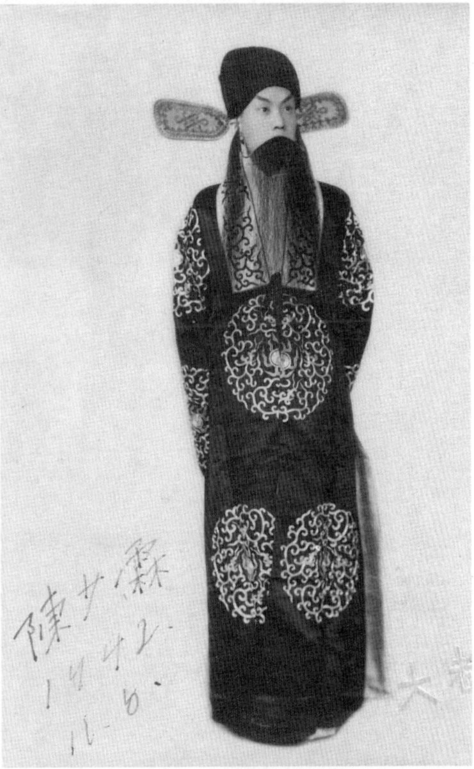

《二堂舍子》陈少霖饰刘彦昌。

《四郎探母》张君秋饰铁镜公主、陈少霖饰杨四郎。

张君秋与陈少霖饰合影

北京市京剧三团全体演职人员旅杭州合影

《失街亭》陈少霖饰孔明。

《三娘教子》陈少霖饰薛保。

1956年北京市京剧工作者联合会成立，会议代表合影。

1956年中山公园音乐堂联合演出《四郎探母》时合影，左起：奚啸伯、谭富英、陈少霖、马连良、李和曾。

（左起）陈少霖、奚啸伯、谭富英、马连良、李和曾、李万春合影

（左起）萧长华、陈少霖、马富禄、奚啸伯合影

陈少霖与萧长华、马富禄合演《四郎探母·过关》。

陈少霖、马富禄（左）合演《四郎探母·过关》。

《四郎探母》陈少霖饰杨延辉。

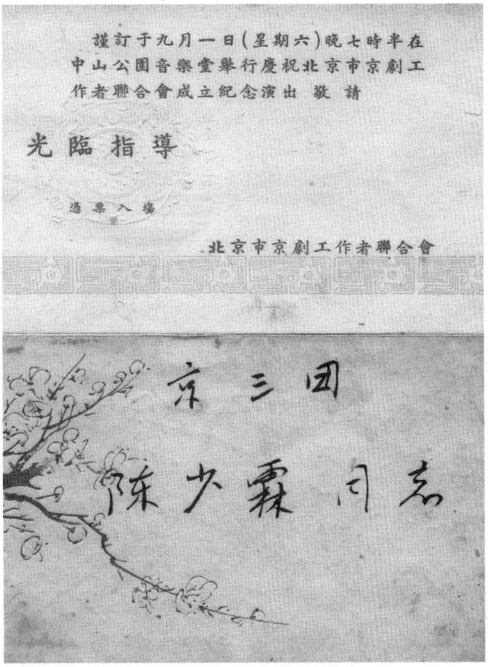

当天演出请柬

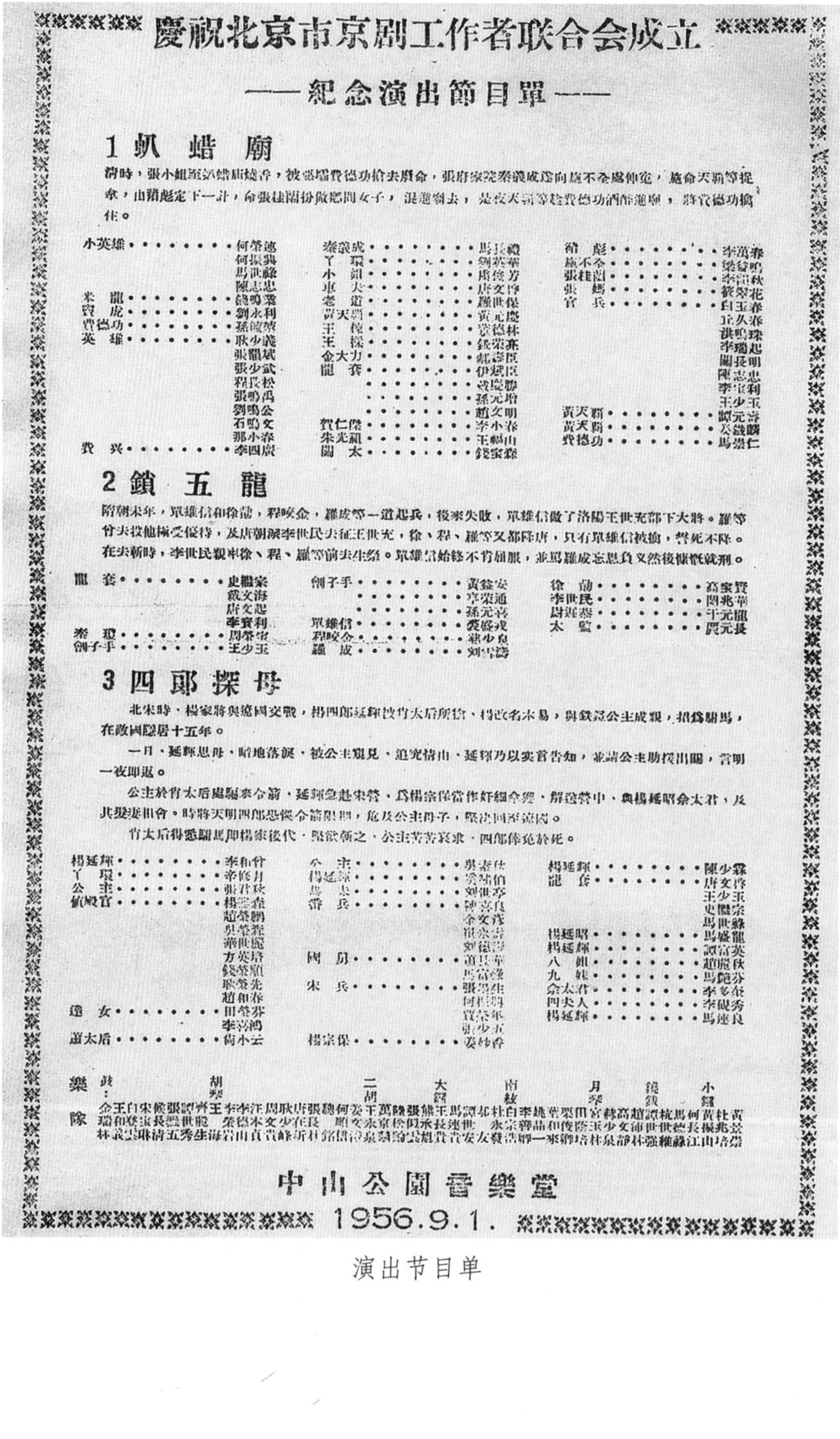

慶祝北京市京劇工作者联合会成立

——紀念演出節目單——

1 八蜡廟

清時，張小姐至八蜡廟燒香，被惡霸費德功搶去[illegible]，張府家院秦義成遂向施不全處伸冤，施命天霸等捉拿，由褚彪定下一計，命張桂蘭扮做鄉間女子，混進廟去，是夜天霸等趁費德功酒醉進廟，將費德功擒住。

小英雄……何榮遠、何振興、馬世祿、陳志忠
米龍……錢鳴業
竇虎……劉永利
費德功……孫毓堃
英雄……耿少義、張韜斌、張少武、程長松、張鳴禹、劉鳴公、石鳴文、那小春
費興……李四廣

秦義成……馬長禮
丫環……劉蓮華
小姐……唐俊芳
車夫……唐文啓
老道……羅世保
賀天豹……黃元慶
王棟……曹德林
王樑……錢榮堃
金大力……楊潤臣
龍套……伊斌臣、戴慶勝、孫元增、趙文明
賀仁傑……李小春
朱光祖……王福山
關太……錢寶森

褚彪……李萬春
施不全……梁益鳴
張桂蘭……李韻秋
張媽……蔣翠花
官兵……白玉春、王久春、洪鳴珠、李瑞起、關長明、陳志忠、李宝利、王少玉
黃天霸……譚元壽
黃天霸……奚鐵麟
費德功……馬崇仁

2 鎖五龍

隋朝末年，單雄信和徐勣，程咬金，羅成等一道起兵，後來失敗，單雄信做了洛陽王世充部下大將。羅等曾去投他極受優待，及唐朝派李世民去征王世充，徐、程、羅等又都降唐，只有單雄信被擒，誓死不降。在去斬時，李世民親率徐、程、羅等前去生祭。單雄信始終不肯屈服，並罵羅成忘恩負义然後慷慨就刑。

龍套……史繼宗、戴文海、唐文起、李寶利
秦瓊……周榮宗
劊子手……王少玉

劊子手……黃鑫安、李榮通、孫元喜
單雄信……裘盛戎
程咬金……趙少泉
羅成……刘雪濤

徐勣……高寶賢
李世民……閔兆華
尉遲恭……于元龍
太監……霍元長

3 四郎探母

北宋時，楊家將與遼國交戰，楊四郎延輝被肖太后所擒，楊改名木易，與鐵鏡公主成親，招爲駙馬，在敵國隱居十五年。

一日，延輝思母，暗地落淚，被公主窺見，追究情由，延輝乃以实言告知，並請公主助援出關，言明一夜即返。

公主於肖太后處騙來令箭，延輝急赴宋營，爲楊宗保當作奸細拿獲，解送營中，與楊延昭佘太君，及其妻姪相會。時將天明四郎恐誤令箭限期，危及公主母子，堅決回至遼國。

肖太后得悉駙馬即楊家後代，堅欲斬之，公主苦苦哀求，四郎倖免於死。

楊延輝……李和曾
丫環……李慧月
公主……張君秋
值殿官……楊德森、趙榮鵬、吳榮雅、蕭世[illegible]、方英培、錢榮順、耿榮先、趙和春
遼女……田榮芬、李喜鴻
蕭太后……荀小云

公主……吳素秋
楊延昭……奚嘯伯
馬夫……刘世亭
番兵……陳喜良、余文茂、崔宗貴、刘德[illegible]
國舅……蕭長華、馬富祿
宋兵……張鳴佳、何[illegible]、賈榮年、張少五
楊宗保……姜妙香

楊延輝……陳少霖
龍套……唐文啓、王少玉、史繼宗、馬世祿
楊延昭……馬盛龍
楊延輝……譚富英
八姐……趙麗秋
九妹……馬艷芬
佘太君……李多奎
四夫人……李硯秀
楊延輝……馬連良

樂隊：鼓 胡琴 二胡 大鑼 南絃 月琴 鐃鈸 小鑼

金王白宋侯張譚齊王李李汪周耿唐張魏何姜王萬陳張熊王馬譚郝杜白李姚華栗田宮赫高趙譚杭馬何黃杜黃
瑞和登宝長盛世龍 榮德本文少在長 順文永京松佩永長連世 永宗寶品和俊陰玉少文沛世世德長振兆景
林義雲琳清五秀生海岩山貞貴峰圻柱銘借濬泉魁蘭雲旭貴貴安友發浩卿一來鄉培林泉靜林强維綠江山培榮

中山公園音樂堂

1956.9.1.

演出节目单

天安门广场合影(1960年刘雪涛摄)，左起：陈少霖、李慕良、裘盛戎、马连良、李多奎、谭富英、张君秋。

1962年薛亚萍拜张君秋为师合影，(左起) 前排：李婉云、陈少霖、吴励箴、张君秋、朱毓慧、徐少祺；后排：王燕、汪本贞夫人、汪本贞、薛亚萍、何顺信、何顺信夫人、张似云。

《诗文会》陈少霖饰沈重。

《上天台》陈少霖饰刘秀。

《诗文会》剧照（1960 年），左起：宋丹菊、小王玉蓉、张君秋、陈少霖、刘雪涛、闵兆华、钮荣亮。

纪念程砚秋逝世一周年演出，《汾河湾》赵荣琛饰柳迎春、陈少霖饰薛仁贵。

纪念程砚秋逝世一周年演出，《英台抗婚》李世济饰祝英台（中），陈少霖饰祝员外（左）。

纪念程砚秋逝世一周年演出，《英台抗婚》、《荒山泪》合影，左起：赵荣琛、李先念、李世济、陈少霖、贺龙、刘雪涛、钱俊瑞、慈少泉。

陈少霖、张洪祥、任志秋、李四广收徒与来宾合影，前排左起：筱翠花、荀慧生、马少波、郝寿臣、任志秋、张洪祥、陈少霖、李四广、裘盛戎、萧长华、老舍、梅兰芳、马连良。

1960年张君秋、陈少霖、李多奎等赴广州演出与广州京剧团同行合影。

二排左起：张仲杰、李慕良、高乐春、裘盛戎、张君秋、谭富英、马富禄、马连良、曹砚芬、李多奎；三排左起：谭元寿（左三）、慈少泉、马崇仁、李盛芳、周和桐、郭和咏、朱金琴、迟金声、张语凡、张洪祥、凯玉贵、何盛清、李德奎、宋希元、王瑞芝、任志秋、李世济；前排左六陈少霖。

（右起）陈少霖、王瑞芝、宋希元合影

陈少霖与弟子葛正良合影

陈少霖与王瑞芝、宋希元、宋家骐等合影

与李多奎、周维俊等合影（1939 年上海）

陈少霖（右）与孙盛武合影

陈少霖与李多奎（右一）、张君秋（右二）等合影（1960 年）

陈少霖（右二）、李德彬（右一）、刘雪涛（右三）、郭和咏（左二）等合影

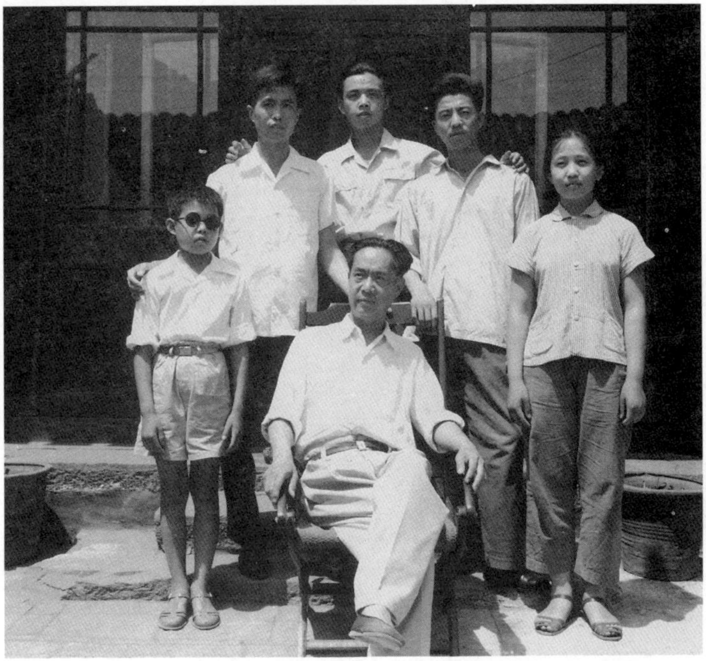

陈少霖与子女合影（1960 年）

1955 年摄于上海

陈少霖生活照（1960 年）

陈少霖全家合影（1960 年）

陈少霖故居棉花上六条 13 号（1957 年以后居此）

子媳来拜祭父母合葬墓（在西郊万华山下）（1996 年）。

陈志嘉、陈志明陪葛正良师姐上坟（2002 年）。

陈少霖唱片选登（李绍珙、王家彦、康滨供片）

上海百代公司唱片
最新法電收音
鋼針 唱片
A 4700
平劇
陳少霖
平津名伶
御碑亭
35422 b

上海百代公司唱片
最新法電收音
鋼針 唱片
A 4699
平劇
陳少霖
平津名伶
八大錘
35422 a

陈少霖唱片选登

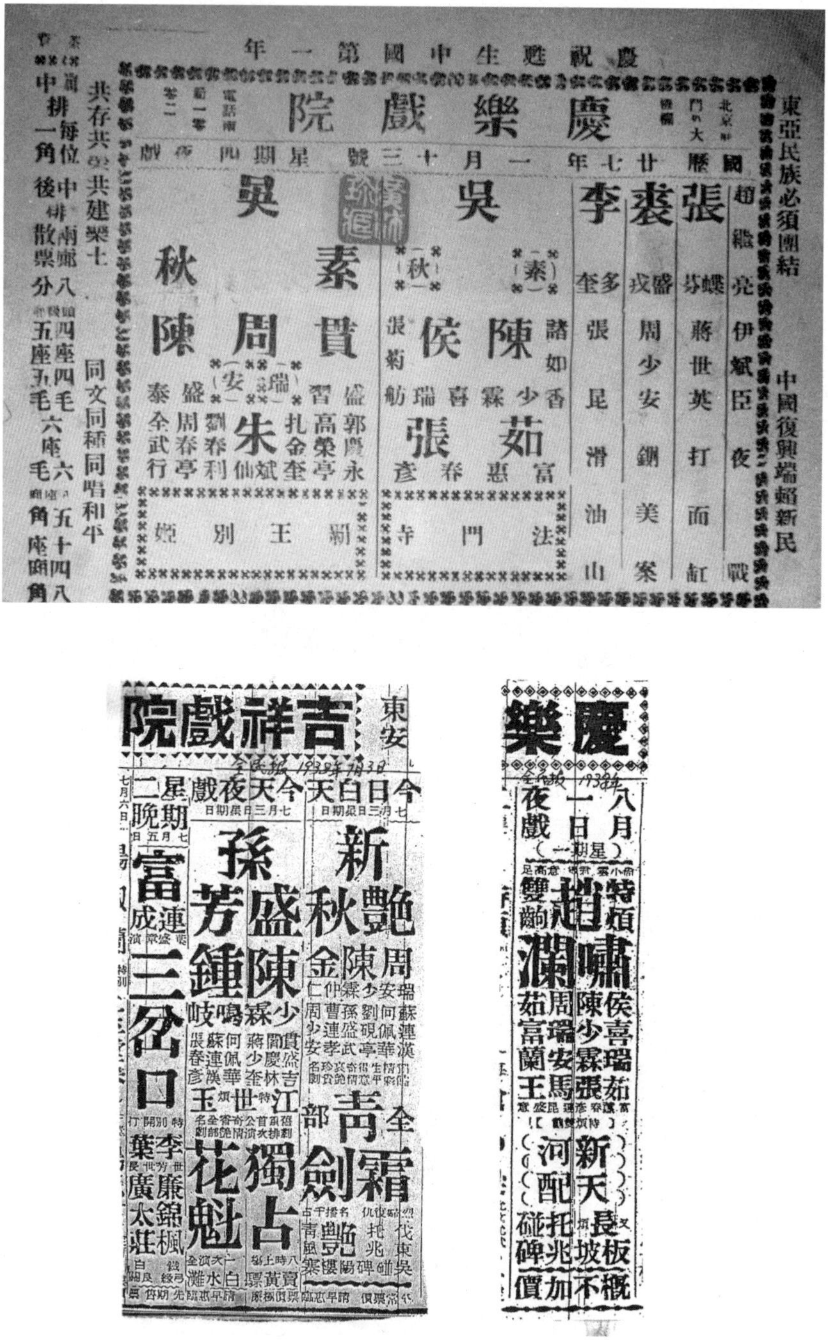

1938 年北平演出戏单和广告

黃金大戲院
夜戲戲目表
廿六年國曆三月二十七號（即禮拜六）
程硯秋
陳少霖
俞振飛
吳富琴
荒山淚
打漁殺家
監酒令
荒山淚新劇說明書
荒山淚唱詞

1937 年与程砚秋在上海演出戏单

中國大戲院
對號入座
現已售票
陳少霖
葉盛蘭
王　馬富祿　何
士　英　侯　佩　華
宋義增
王秀斐
白慶祥
蘇慶山
喜哈
寶
瑞山
韓舒聲
韓富信
金少臣
金壽臣
票價
樓下
前排一元二角五
中排八角五分
後排四角五分
樓上
前排八角
後排四角
三樓二角五分
頭級廂七元五角
二級廂六元五角
三級廂五元五角
外加茶資五分
供客足用
佳劇預告
艷陽樓
擊鼓罵曹
全部天河配
打戰漁家
全部奇冤
雙殺
會城
八門金鎖陣
搜孤救孤
全部天河配
霸王別姬
全部文姬歸漢

1939 年天津演出戏单

1939 年上海演出广告

1940 年上海演出广告

与金少山合作演出戏单（1942 年）

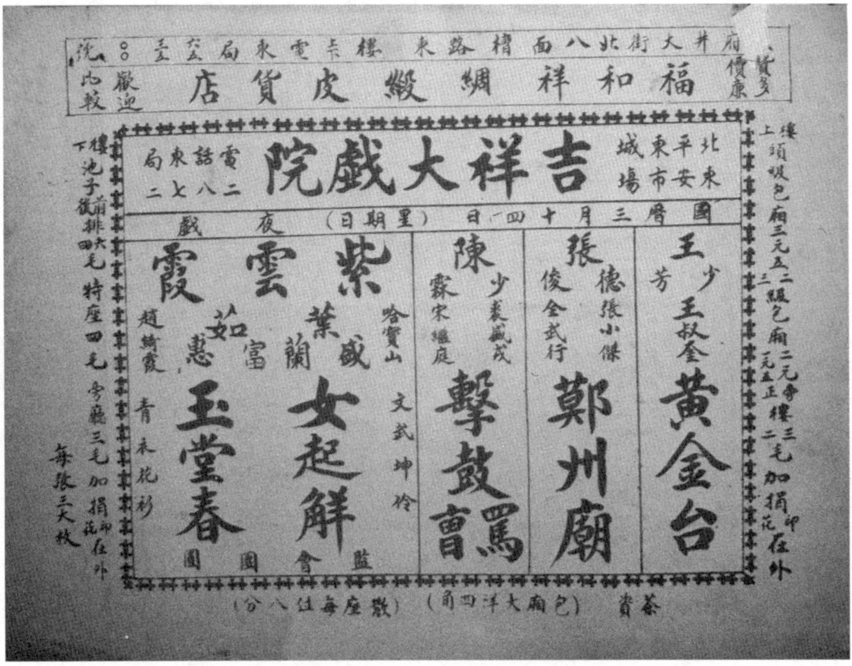

与紫云霞合作演出戏单（约 1943 年）

1943 年天津演出戏广告

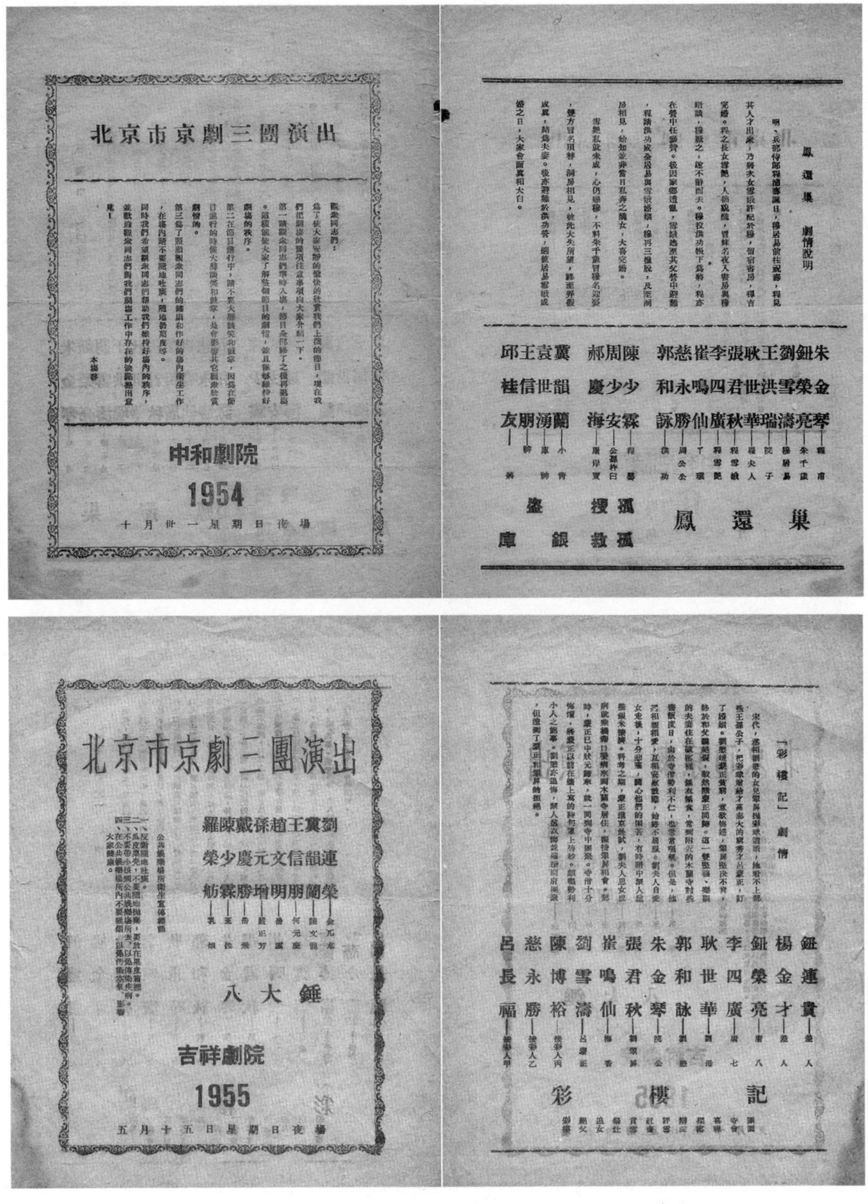

北京市京剧三团演出戏单（1954、1955 年）

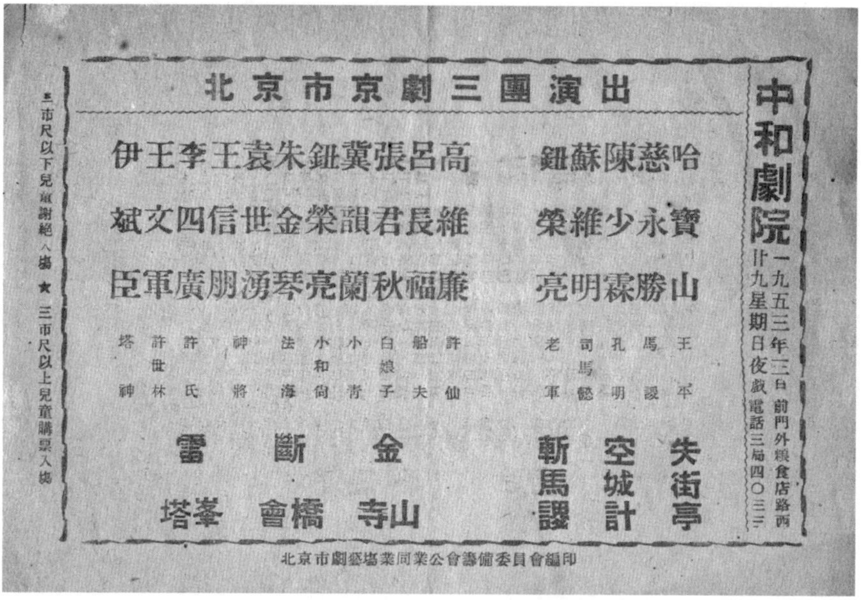

三市尺以下兒童謝絕入場 ★ 三市尺以上兒童購票入場

中和劇院
一九五三年三月廿九星期日夜戲
前門外糧食店路西 電話三局四〇三三

北京市京劇三團演出

高維廉 呂長福 張君秋 冀韻蘭 鈕榮亮 朱金琴 袁世湧 王信朋 李四廣 王文軍 伊斌臣

哈寶山 慈永勝 陳少霖 蘇維明 鈕榮亮

許仙 船夫 白娘子 小青 小和尚 法海 神將 許氏 許世林 塔神

王平 馬謖 孔明 司馬懿 老軍

金山寺 斷橋會 雷峯塔

失街亭 空城計 斬馬謖

北京市劇藝場業同業公會籌備委員會編印

1953 年北京中和戏院演出戏单

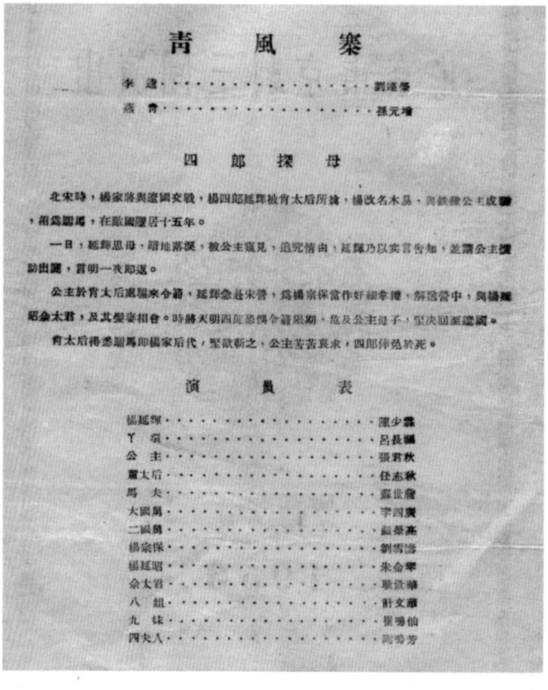

青風寨

李逵……………………劉連榮
燕青……………………孫元增

四郎探母

北宋時，楊家將與遼國交戰，楊四郎延輝被肖太后所擄，楊改名木易，與鉄鏡公主成親，招爲駙馬，在敵國隱居十五年。

一日，延輝思母，暗地落淚，被公主窺見，追究情由，延輝乃以実言告知，並請公主援助出關，言明一夜即返。

公主於肖太后處騙來令箭，延輝急赴宋營，爲楊宗保當作奸細拿獲，解送營中，與楊延昭佘太君，及其髮妻相會。時將天明四郎恐悞令箭限期，危及公主母子，堅决回至遼國。

肖太后得悉駙馬即楊家后代，堅欲斬之，公主苦苦哀求，四郎倖免於死。

演員表

楊延輝	陳少霖
丫環	呂長福
公主	張君秋
蕭太后	任志秋
馬夫	蘇世龍
大國舅	李四廣
二國舅	鈕榮亮
楊宗保	劉雪濤
楊延昭	朱金琴
佘太君	耿世華
八姐	計文華
九妹	崔鳴仙
四夫人	陶鳴芳

北京市京劇三團演出

勞動劇場

1956

八月二十一(星期二)夜場

1956 年北京劳动剧场演出戏单

北京京劇團演出

打城隍 獅子楼

紅鬃烈馬

北京劇場

1958年1月5日（[illegible]）[illegible]

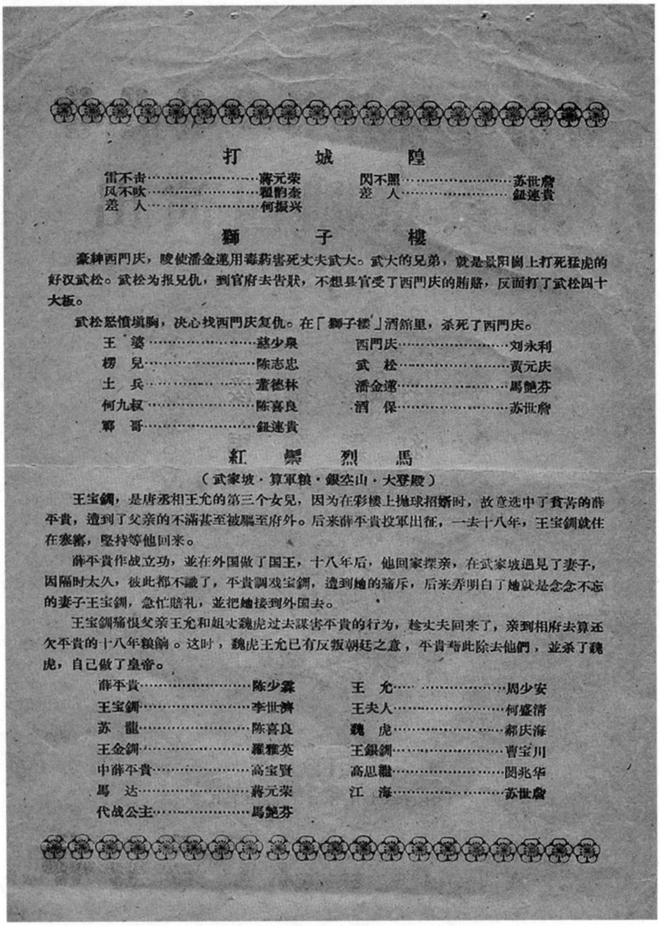

打 城 隍

雷不击……………………蒋元荣
风不吹……………………翟韵奎
差 人……………………何振兴
閃不照……………………苏世爵
差 人……………………鈕連貴

獅 子 樓

豪紳西門庆，唆使潘金蓮用毒药害死丈夫武大。武大的兄弟，就是景阳崗上打死猛虎的好汉武松。武松为报兄仇，到官府去告狀，不想县官受了西門庆的賄賂，反而打了武松四十大板。

武松怒憤塡胸，决心找西門庆复仇。在「獅子樓」酒館里，杀死了西門庆。

王 婆……………………慈少泉
楞 兒……………………陈志忠
土 兵……………………董德林
何九叔……………………陈喜良
鄆 哥……………………鈕連貴
西門庆……………………刘永利
武 松……………………黄元庆
潘金蓮……………………馬艷芬
酒 保……………………苏世爵

紅 鬃 烈 馬

（武家坡·算軍粮·銀空山·大登殿）

王宝釧，是唐丞相王允的第三个女兒，因为在彩楼上拋球招婿时，故意选中了貧苦的薛平貴，遭到了父亲的不滿甚至被赶至府外。后来薛平貴投軍出征，一去十八年，王宝釧就住在寒窰，堅持等他回来。

薛平貴作战立功，並在外国做了国王，十八年后，他回家探亲，在武家坡遇見了妻子，因隔时太久，彼此都不識了，平貴調戏宝釧，遭到她的痛斥，后来弄明白了她就是念念不忘的妻子王宝釧，急忙賠礼，並把她接到外国去。

王宝釧痛恨父亲王允和姐丈魏虎过去謀害平貴的行为，趁丈夫回来了，亲到相府去算还欠平貴的十八年粮餉。这时，魏虎王允已有反叛朝廷之意，平貴藉此除去他們，並杀了魏虎，自己做了皇帝。

薛平貴……………………陈少霖
王宝釧……………………李世濟
苏 龍……………………陈喜良
王金釧……………………羅雅英
中薛平貴……………………高宝賢
馬 达……………………蒋元荣
代战公主……………………馬艷芬
王 允……………………周少安
王夫人……………………何盛清
魏 虎……………………郝庆海
王銀釧……………………曹宝川
高思繼……………………閔兆华
江 海……………………苏世爵

北京京剧团演出戏单（1958年）

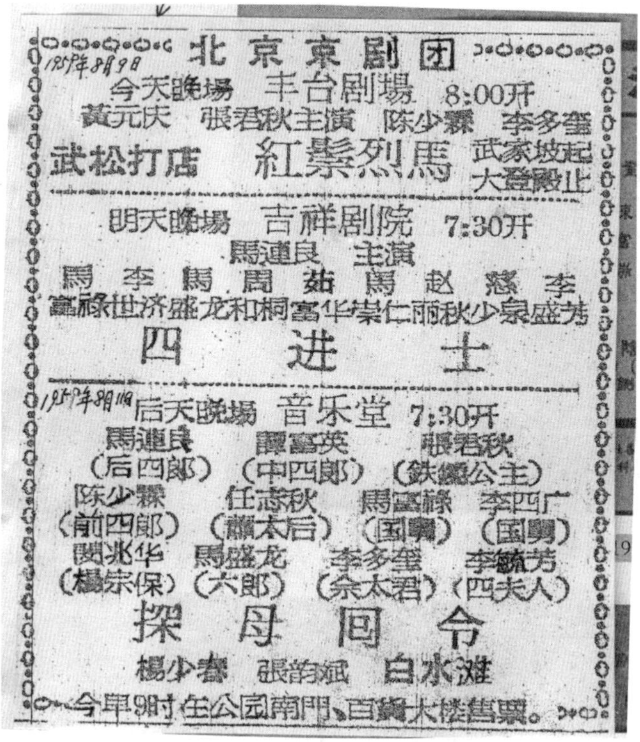

1959 年 8 月 11 日中山公园音乐堂演出广告

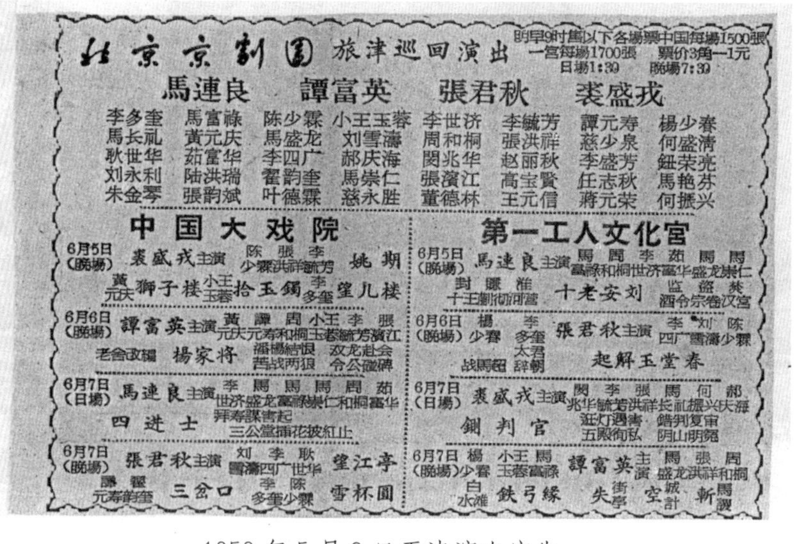

1959 年 5 月 2 日天津演出广告

第三代——陈志清

陈志清1941年生于北京，为陈少霖之三子。自幼从父亲学戏。上初中时见他确有演戏的天赋，就破例让他继承祖业。1957年经人介绍参加了以李金声为团长的联谊京剧团，边学边演。1960年被选送到中国戏曲学校进修，曾受教于雷喜福、邢威明等先生。毕业公演《将相和》，受到师生的好评。1963年分配到北京实验京剧团。为进一步提高技艺水平，父亲又让他从余派名琴师王瑞芝、余派名票赵贯一学戏。1965年被借调到山西省京剧团任主演，除了经常贴演《失·空·斩》、《探母》、《红鬃烈马》等余派戏以外，也经常贴演现代京剧。新编历史戏《蔡锷与小凤仙》最为著名。

1986年3月天津日报社举办纪念张君秋先生舞台生活50年演出，他参加了《红鬃烈马》、《探母》、《秦香莲》等戏的演出，备受天津观众的欢迎，有两位热情的观众还亲自来北京家中，送上绣有“小陈少霖”的锦旗一面，以示祝贺。同年10月又应邀参加梅兰芳纪念馆开馆演出，与梅葆玖、丁至云、张学津、孙岳、王玉敏、马小曼等合演《四郎探母》。

1987年正式调入北京京剧院二团任主演，主要演出剧目有《红鬃烈马》、《大·探·二》、《失·空·斩》、《洪羊洞》、《探母》、《乌盆记》、《珠帘寨》等。同台的演员有张学津、杨淑蕊、王文祉、黄德华等。在演出之余，又向京剧研究家刘曾复先生学戏。1991年2月在吉祥戏院曾贴演余派双出《珠帘寨》、《洪羊洞》。特别是《洪羊洞 》杨六郎一段〔二黄快三眼〕“自那日朝罢归”韵味醇厚，响遏行云，与琴师燕守平配合默契，赢得观众阵阵掌声。这出戏刘曾复先生做了具体指导。

1990年北京举办徽班进京200年纪念演出，他克服困难，临场救火。《画龙点睛》主演张学津临时有病，他仅用7天时间，仅响排一次就完全按马派的演唱风格登场演出，并圆满完成任务。同年12月上海举办余叔岩诞辰百年的纪念演出，志清应邀参加，演出了《乌盆记》、《洪羊洞》、《珠帘寨》。《新民晚报》评论说："《洪羊洞》是三天中发挥得最好的一场，他以委婉醇厚的'云遮月'嗓音，把杨延昭临终前的满腹哀怨揭示出来，而且十分挂味。"这场戏阵容极强，有艾世菊（饰程萱）、王正屏（饰孟良）助演，为全剧生色不少。

1992年4月在人民剧场彩排《群·借·华》，为访问日本演出做准备，志清在剧中饰演B角孔明，完全按正式演出要求完成彩排任务。同年11月香港邓宛霞京昆剧团与北京京剧二团联全演出《宝莲灯》，由邓宛霞一赶三饰演三圣母、王桂英、（后）沉香，志清在剧中饰演王彦昌（前小生，后老生）。该剧在1993年春节又赴香港演出数场。

1993年1月在北京民族宫剧院举办张君秋艺术生活60年纪念演出，志清应邀演出《秦香莲》，饰陈士美。1994年北京市举办抢救京剧遗产零点系统工程，在吉祥戏院由陈志清、萧润德合演《沙桥饯别》，由关静兰、陈志清合演《二堂舍子》，二剧均做录相保存。同年10月隆重纪念梅兰大师诞辰百年，改编重排《太真外传》，主要演员有梅葆玖、魏海敏（二人分饰杨玉环），马长礼、梅葆玥、陈志清（三人分饰李隆基），在保利大厦演出，中央电视台录相重播，再现了当年这出梅派名剧的光彩。

在频繁的演出之余，志清还参加了音配像工作，主要有《四郎探母》、《朱痕记》、《四进士》、《玉狮坠》、《断密涧》等。2001年陈志清退休后又应邀到中国戏曲学院任客座教授，主要传授余派剧目。志清正式收的弟子为由奇。

陈志清（1941 年—）

陈志清与父亲陈少霖合影（1960年）。

给志清说过戏的老师刘曾复

陈少霖与王瑞芝（中）、赵贯一（左）合影。

给志清说过戏的老师贯盛习

《秦香莲》陈志清饰陈世美

剧情简介

《秦　香　莲》

秦香莲向包拯控告陈士美“杀妻灭嗣”，包拯用计召陈士美至衙，令秦对质。陈士美自恃国戚，强词狡辩，包拯怒欲铡之。太后、皇姑均来阻劝，包拯不畏，执法铡死陈士美。

演　员　表

剧中人	扮演者
陈　父	鲍文寿
陈　母	耿世华
陈士美	陈志清
秦香莲	薛亚萍
春　哥	赵玉华
冬　妹	刘惠菊
大太监	沈伯华
王　忠	刘志强
王延龄	张学津
门　官	王德刚
韩　琪	叶金援
张三阳	钮荣亮
王　朝	吴恩顺
马　汉	翟武齐
张　龙	王文生
赵　虎	王金铭
包　拯	齐啸云
皇　姑	张重华
国　太	柳素霞

剧情介绍

《红　鬃　烈　马》

薛平贵归家，遇王宝钏于武家坡前。夫妻相别十八年，王已不识薛平贵。薛假借问路以试其心，王逃回窑，薛平贵赶至，说明别后经历，夫妻相认。

薛平贵乘王允寿辰，与妻王宝钏偕赴相府，向王允、魏虎计算十八年军粮。互相争辩，一同面君。

王允篡位，欲杀薛平贵，薛逃走，王允遣高思继追之，薛放出代战公主所赠之金翎鸽为号；代战赶至救援，高思继投降，引薛反攻长安。

薛平贵得代战公主之助，攻破长安，拿下王允、魏虎，自立为帝。对宝钏、代战及苏龙各有封赏；斩魏虎；又欲杀王允，经王宝钏苦劝，始赦免；最后迎请王母，共庆团圆。

演　员　表

剧中人	扮演者
薛平贵（前部）	陈志清
王宝钏	王蓉蓉、张萍、孙爱玲
王　允	鲍文寿
苏　龙	刘志强
魏　虎	金振明
王夫人	耿世华
金　钏	武孝忠
银　钏	李焕娣
薛平贵（后部）	高宝贤
高思继	宋　捷
马　达	钮荣亮
江　海	钮连贵
代战公主	徐美玲

1986 年演出戏单

《红鬃烈马》演出后陈志清、高宝贤、王蓉蓉、徐美玲等合影。

《红鬃烈马》演出后与张君秋合影。

《珠 帘 寨》

唐代，黄巢起义，僖宗(李儇)逃至美良川，遣程敬思至沙陀国李克用处搬兵。李因曾受谪贬，心怀怨恨，不肯发兵。程复求李二妻曹月娥、刘银屏，刘允起兵；李惧内，不敢阻止。军至珠帘寨，周德威阻路，众太保不敌，刘激李克用出战，不分胜负，比试箭法，李箭射双雕，周心服，归降。

李克用……………………………………陈志清
程敬思……………………………………黄文俊
李存孝……………………………………方志成

《摇 钱 树》

玉女——张四姐私离天庭，玉帝遣哪吒下界收擒，在摇钱树前相遇，哪吒变一双蝴蝶戏耍张四姐，一番争斗，哪吒不敌，斗战圣佛前来助战，张四姐被擒押回天庭。

北京京剧院二团节目单 一九九一年

玉 女……………………………………赵慧英
哪 吒……………………………………张来生
斗战圣佛…………………………………张学治
二蝴蝶…………………………甘明育 周全贵

《洪 羊 洞》

杨延昭(六郎)命孟良再往辽邦洪羊洞盗取杨继业骸骨，焦赞知而暗随至洞；孟良误以为敌将。用斧劈死。细察方知是焦赞，哀悔不已，将遗骨托付家兵程宣赍回，自刎洞前。杨延昭闻耗，惊悼呕血，病势益重，与八贤王及母妻诀别而死。

杨延昭……………………………………陈志清
孟 良……………………………………王文祉
焦 赞……………………………………何金龙
程 宣……………………………………魏昌桓
赵德芳……………………………………李元贞
杨宗保……………………………………方志成
佘太君……………………………………孙彩虹
柴郡主……………………………………董玉宝

陈志清主演余派双出戏单（吉祥戏院）

《珠帘寨》陈志清饰李克用。

《洪羊洞》陈志清饰杨延昭。

《定军山》陈志清饰黄忠。

《朱痕记》音配像（左起：杨淑蕊、孙振泉、陈志清、吴玉璋）

《沙桥饯别》陈志清饰唐太宗。

《上天台》陈志清饰刘秀。

《三娘教子》陈志清饰薛保。

《搜孤救孤》
陈志清饰程婴。

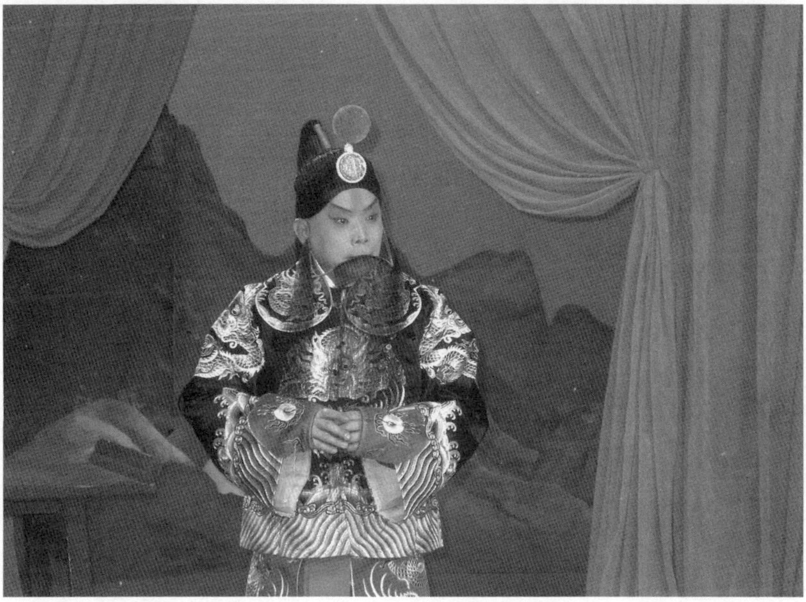

《四郎探母》陈志清饰杨延辉。

《辕门斩子》陈志清饰杨延昭。

《击鼓骂曹》陈志清饰祢衡。

《白蛇传》陈志清饰许仙。

《二堂舍子》陈志清饰刘彦昌。

余叔岩是谭鑫培后第一老生

——张　庚

余叔岩是生行第二座里程碑

——翁偶虹

孟小冬悼余叔岩

挽　联

清才承世业，上苑知名，自从艺术寝衰，耳食孰能传曲学；

弱质感飘零，程门执贽，独惜薪传未了，心丧无以报恩师。

一九四三年于香港

筹委会主任： 李玉铮

副主任： 许世德　贾振年

学术活动策划： 王家熙

说明书题字： 许宝驯

演出统筹： 忻建民

演出策划： 吴长生　高韵洪

舞台监督： 郝瑞鹏

排戏指导： 关松安

干事长： 王思及

副干事长： 邱正坚　杨柏年

接待组长： 郑葆炎

宣传联络： 方仁曾　刘备文　周明秋　王永平　唐家模

总策划：翁思再

1990 · 上海 · 人民大舞台

总顾问：

李储文　俞振飞　朱纫秋

学术顾问：

翁偶虹　吴小如　刘曾复

余派名家阵容：

须生名宿　迟世恭（上海）

谭风余韵　孙钧卿（上海）

余马兼擅　张学津（北京）

文武双绝　李玉声（北京）（李洪春之子）

名门嫡传　李宝春（美国）（李少春之子）

余杨传人　陈志清（北京）（陈少霖之子 余叔岩内侄）

特邀助阵： 艾世菊　王正屏

特邀鼓师： 高明亮　王玉璞

特邀琴师： 武正豪　尤继舜

12月3日

奇冤报（乌盆计）

刘世昌——陈志清
张别古——艾世菊
刘　升——刘全贵
赵　大——陈佩钦
赵　妻——李抄龄

司鼓：王玉璞　京胡：尤继舜

上天台·打金砖

刘秀——李宝春
姚期——张达发
姚刚——徐国良

司鼓：焦宝宏　京胡：李寿辰

挑滑车（片断）

高　宠——李玉声
岳　飞——王关福

司鼓：缪金芳

击鼓骂曹

弥　衡——张学津
曹　操——张达发
张　辽——蔡春华
孔　融——张鉴泉

司鼓：王玉璞　京胡：尤继舜

12月4日

定军山

黄　忠——李玉声
严　颜——王宝山
夏候渊——兰煜民
夏候尚——金锡华
孔　明——蒋茂洲
张　郃——季正奇
陈　式——肖润年
刘　封——陆柏平
刘　备——张鉴泉
韩　浩——蔡春华
张　著——王关福
夏候德——吴大军

司鼓：缪金芳　京胡：李寿辰

李陵碑

杨延昭——许锦根

司鼓：焦宝宏　京胡：李寿辰

珠帘寨（解宝）

李克用——陈志清
程敬思——张鉴泉
李嗣源——费三金

司鼓：王玉璞　京胡：武正豪

小商河

杨再兴——李玉声
金兀术——齐英奇

司鼓：缪金芳

12月5日

洗浮山

贺天保——吴中路

司鼓：朱　雷　京胡：陈正伟

洪羊洞

杨延昭——陈志清
孟　良——王正屏
焦　赞——郭仲钦
程　宣——艾世菊
赵德芳——张鉴泉
柴郡主——张啃竹
佘太君——孙文元
杨宗保——费三金

司鼓：王玉璞　京胡：武正豪

战太平

花　云——孙钧卿
二夫人——沈绮琅
陈友谅——王世杰
花　安——艾世菊
朱文逊——陆柏平
陈友杰——齐英奇
郜　氏——柳凤飞

司鼓：焦宝宏　京胡：韩幼卿

秦琼卖马

秦　琼——迟世恭
店　家——艾世菊
单雄信——张达发

司鼓：李朝贵　京胡：王祖鸿

其他乐队人员　月琴：王永才　梁健　赵其山　韩高堃　毛石明
三弦：王春福　张松刚　阮：孔惠芳　高美芬

1990年上海纪念余叔岩百年诞辰余派汇演戏单

陈志清便装照

《乌盆记》陈志清、艾世菊现场演出速写

《打侄上坟》陈志清饰张公道。

《八大锤》陈志清饰王佐。

《龙凤呈祥》陈志清饰鲁肃。

《赵氏孤儿》陈志清饰赵盾。

纪念梅兰芳先生诞辰100周年演出，《太真外传》陈志清饰唐明皇，魏海敏饰杨玉环（左）。

陈志清便装照

隆重紀念梅蘭芳藝術大師誕辰一百周年

梅派大型古典名剧

《太真外传》

主　演：北京京剧院一团

协助演出：战友京剧团　战友歌舞团

北京戏曲学校

《太真外傳》剧性简介

《太真外传》描写唐明皇(李隆基)在太真观得遇杨国忠之堂妹杨太真(杨玉环)，唐皇喜杨色秀貌美，善歌舞，通音韵，遂册封为贵妃，并赐钿盒、金钗为定情信物。杨珍惜从不离身。赐浴华清池，杨作出浴舞，性慾姿美，更得唐宠爱。后，因唐偶而眷顾梅妃，招杨愤而理论，唐一时盛怒，将杨放归府第，杨玉环出宫后悔恨莫及，唐明皇也因眷恋杨寝食难安。复召杨回宫，君妃小别重聚，情意更笃。适逢七夕，唐杨有感牛郎织女一年才一会，乃在长生殿前宏誓："在天愿作比翼鸟，在地愿为连理枝"，"愿生生世世为夫妇"。

杨玉环生辰，唐明皇设宴并亲挝羯鼓于华清宫，为之庆贺，杨妃特制'翠盘舞'，以娱佳日。不料，范阳节度使安禄山造反，兵逼长安，唐杨仓惶避祸入川，途经马嵬坡，三军哗变，杀了杨国忠，又逼杨玉环自缢死。后乱平，唐明皇回銮又经马嵬坡，正逢七夕，因痛悼杨而梦，至仙山玉真院，得与杨玉环相会，杨感唐情深乃作'霓裳羽衣舞'以酬恩。唐、杨在仙乐中仍以"盒同心，叙不分，心相系，情永存"为誓。

※　　※　　※

《太真外传》是艺术大师梅兰芳先生早在1926年独创的一部歌舞并重的杰作。故事取材于唐白居易《长恨歌》、陈鸿《长恨歌传》，以及《杨太真外传》小说，并参考了清洪升的《长恨歌》传奇本。

北京京剧院一团演出

梅派大型古典名剧

《太真外傳》

(根据梅兰芳先生1926年演出本改编)

领衔主演：梅葆玖　魏海敏(台湾)

马长礼　叶少兰　梅葆玥　陈志清

王树芳　姚天成　张韵斌　黄德华

原编剧：	齐如山	舞美设计：	郭大有
原导演：	梅兰芳	服装设计：	鄂修民　郭岐山
原执笔：	黄秋岳　李释戡	音乐设计：	张延培
总策划：	梅葆玖	舞蹈编导：	张伟东　丁颖
导演：	刘元彤	灯光设计：	张宝泉
改编执笔：	袁韵宜	音乐指导：	姜凤山
唱腔设计：	徐兰源　王少卿　姜凤山	舞台总监：	马崇仁

演　员　表

(以出场为序)

剧中人	饰演者	剧中人	饰演者
高力士	姚玉成	念奴	黄宜威
道姑	王树芳	李白	叶少兰
二大太监	阎韵喜	杨国忠	黄德华
	牛晖	二丫环	于淑敏
唐明皇	陈志清		欧阳慧
(李隆基)	梅葆玥	陈元礼	张韵斌
	马长礼	二差官	宋久明　蔡小龙
杨贵妃	魏海敏(台湾)	众宫女	北京戏校演员
(杨玉环)	梅葆玖	众舞女	战友歌舞团演员
水新	杨慧敏	众太监、御林军	本团演员

《太真外传》演出戏单

《蔡锷与小凤仙》陈志清饰蔡锷、王毓清（右）饰小凤仙（1981 年）。

《蔡锷与小凤仙》陈志清饰蔡锷、石志红（左）饰小凤仙（1981 年）。

《八一风暴》陈志清饰周恩来。

《杜鹃山》陈志清饰温其九子。

李玉芙、陈志清湖广会馆清唱《沙家浜》选段。

第三代——陈志嘉

陈志嘉为陈少霖先生之长子，1935年出生于北京，1957年毕业于首都师范大学。曾任北京回民学校历史教师、教研组长，宣武区高级职称评定委员会评委，区兼职教研员，退休后受聘于中国佛学院、伊斯兰教经学院任中国历史教师。1957年—2007年曾任北京市第九届、十届人大代表，宣武区第九届政协副主席。1988年—1998年任中国民主促进会市委常委、宣武区工委主任。

1986年被评为全国教育系统劳动模范，授予人民教师奖章。1992年被评为宣武区师德模范、优秀教研组长。1993年被评为宣武区教育系统首届学科带头人。从教50年来，热爱教育事业，为人师表，关心学生全面发展。课堂教学语言生动，内容详实，重点突出。能出色地设计、绘制、使用历史直观教具进行教学，深受学生的欢迎。形成了自己的教学特色。

几十年来，结合教学，亲自设计绘制了500多幅教学挂图。1993年还主编了一套中国历史教学挂图（图画），正式出版并在全国发行。还编写了中国历史录相带三盘由教育部教学仪器所在全国发行。1984年，北京市电教馆录制了历史教学法录相带，在全市发行。1986年，由中央电教台用卫星对外播放。业余喜欢京剧，操琴、演唱兼擅，自娱自乐。

陈志嘉便装照

陈志嘉参加民进北京市委举办的纪念中国共产党建党90周年书画展。

陈志嘉课堂教学照

第三代——陈志明

陈志明为陈少霖先生之次子，1937 年生于北京。1962 年毕业于北京农业大学兽医系。在北京市农林系统工作 21 年。1983 年调入北京科学技术出版社任技术编辑，1992 年经全市统一考核获副编审职称。1983 年经程绍迥、刘曾复二位先生介绍加入九三学社，现任九三市委直属二综合支社主委。1997 年退休，2007 年至 2013 年 6 月应邀为《中国京剧》杂志审稿。

1980 年以来，利用业余时间从事京剧史料的搜集研究工作，主要启蒙老师为王芷章和刘曾复二位先生。1998 年编著了《陈德霖评传》由文津出版社出版。2001—2009 年与王维贤先生共同主编《立言画刊京剧资料选编》，由学苑出版社于 2009 年出版。该书的出版，为京剧史研究者提供了大量第一手的资料。2008 年又担任《一代艺术大师李多奎》（画册）副主编。近 30 年来曾在《中国京剧》等专业报刊上发表京剧方面评述文章 50 余篇。近年来曾接受中央电视台、上海东方电视台的专题采访，如《粉墨春秋》已在香港播出，《四大名旦》专集在上海播出。2009 年又参加学苑出版社“民国京昆史料丛书”的策划工作并提供部分原始资料。陈志明所搜集的京剧史料，已向不少演员和京剧史料研究者提供参考，如王琴生、李玉茹、李金鸿、程永江、马龙、刘真、章诒和、刘乃崇等人都选用过他提供的史料。他认为京剧文献资料应共享，只有这样才能为振兴京剧做一点实事。

在余叔岩艺术研讨会上发言（2012 年）。

在书房工作。

第三代——陈志忠

陈志忠为陈少霖先生之幼子。曾受过余派名琴师王瑞芝先生的指授。从上世纪 80 年代开始为其兄陈志清操琴调嗓，以《空城计》、《骂曹》、《碰碑》等余派戏为主。2005 年陈志清余派须生唱腔 CD 光盘出版，由志忠操琴。近年来陈志清在中央电视台“跟我学”栏目教唱《探母》、《搜救孤》、《打侄上坟》等选段亦由陈志忠操琴。

1999 年以来，陈志忠从名琴师王韵石先生学习张（君秋）派唱腔的伴奏，如《玉堂春》、《望江亭》、《状元媒》、《西厢记》等。2004 年以来在北京市东城区文化馆京剧队任琴师，每周六日固定演出，此期间曾为名票金福田先生操琴，如《赵氏孤儿》、《打严嵩》、《三娘教子》、《胭脂宝褶》、《打渔杀家》等马派戏均能胜任。2006 年以后为著名笑星李嘉存调嗓，并为其演出伴奏。2008 年又为张派旦角表演艺术家薛亚萍调嗓，进一步提高了张派唱腔伴奏的水平。陈志忠主要为专业演员和票友操琴。他操琴的特点是：手音好，傍得严，板槽磁实，快而不乱，让唱者觉得舒服。凡欣赏过他琴艺的观众，都一致说够专业水平。

陈志忠为陈志清现场伴奏。

陈志忠与名琴师何顺信（中）和王韵石老师（左一）合影。

陈志忠为东城区文化馆京剧队伴奏。

陈志忠为国家一级演员李嘉存先生伴奏。

余派演唱会陈志忠为名票何思凝伴奏。

梨园世家第三代人合影，左起：陈志嘉、陈志明、陈志清、陈志忠。

陈志嘉、陈志清、陈志明审阅书稿

第三代——陈志荣

陈志荣，1937 年生于北京。幼年父母病故，后由叔父陈少霖抚养。1949 年 6 月考入梁花侬主办戏曲学校。1950 年全体学员集体参军，编制为中国人民解放军第二军三五九旅第一兵团文工团京剧团。原拟在西安落户，后调往乌鲁木齐，为新疆军区京剧院演员，长年赴各地慰问演出，1954 年终荣立三等功。1957 年军区政治部成立评剧团，志荣改唱评剧，演出剧目有《桃花扇》（饰杨文骢）、《夺印》（饰大队会计）、《铜锣记》（饰农民爹）、《南海长城》（饰敌特司令）等。虽多为配角，但志荣演来均有个人创造及特色。1970 年评剧团撤销后，由总后中南局选调到武汉军工厂从事业余宣传队的工作。1975 年又调入乌鲁木齐市电信局。志荣干一行爱一行，均能恪尽职守。1990 年退休后仍积极参加街道社区工作，曾任治安副主任，被评为先进工作者。

陈志荣便装照

20 世纪 50 年代初，新疆军区京剧院参加慰问人民解放军演出团，陈志荣为演员之一，荣立三等功。

陈志荣在《桃花扇》剧中扮演杨文聪。

陈富年回忆陈德霖的艺术成就[1]

陈富年

陈老夫子（德霖）幼时小名石头。因他性格忠厚朴直，一般人都喊他的小名，一直传到年老，还有许多人知道他的小名。可是他当年好学不倦，练功之勤，在不言中却超过了一般人。那时他在程长庚所组织是科班内学艺并参加演出实习，程长庚颇喜欢他，但是程长庚管理学生甚为严格。据陈老夫子谈，有次同学们听着长庚在台上唱，大家就淘气起来了，不防长庚忽在人丛中出现，手中拿着戒尺，每人都挨了几下，陈老夫子也挨了一下。陈老夫子很纳闷，明明听见长庚在台上唱，怎会在后台出现了呢？他偷偷地扒着台帘一看，原来台上唱的人是同仁堂掌柜的周子衡。根据一般评论，那时票友学长庚的嗓音、口风都很像的就数周子衡一人。后来周年过古稀高兴了还吊两段，真是响遏行云，足以证明陈老夫子讲的是实情。那时陈老夫子在台上演出实习时常跟程长庚配戏，学到许多经验。程长庚是最能精心改造异于一般的腔调，但不轻易编造，最反对粗制滥造不合剧情。他对生、旦的腔都很精通，无论那一行，凡有精制的新腔，必称赞表扬；如听见台上有人滥用花腔，则愤怒地说“这个东西又乱‘行腔’了”。后

1　陈富年先生为谭派艺术研究专家，陈彦衡之子，是陈派旦角继承人之一。此稿为陈富年先生 1980 年前后给陈志明的回函。

来谭鑫培所唱的《捉放曹》中“一轮明月照窗下”及《鱼肠剑》中“一事无成两鬓斑”等唱腔高亢悲壮，据谭谈都是仿效程的唱法。故那时内外行精心编制旦行唱腔的人不少，内行中如时小福（时慧宝的父亲）所编《武昭关》的二黄慢板，余紫云（余叔岩的父亲）所编《金水桥》的几段唱腔，票友中如孙春山所编《祭江》的二黄慢板，及《打金枝》的西皮慢板的腔，和林秀鸿所编的《玉堂春》及《审头刺汤》的腔都非常婉转流利受到广大观众的欢迎，陈老夫子对这些腔揣摩学习为后来行腔打下了深厚的基础。几年后，程长庚故去，陈老夫子离了科班另搭其他班子，嗓子渐渐倒仓了，很怕唱二黄（戏行有句话男怕西皮女怕二黄）。有天管事派他一出《六月雪》，那天孙怡云是一出较轻的西皮戏，陈老夫子便要求和他对调，孙怡云却说管事的怎么派就得怎么唱。陈老夫子无可奈何，他唱完向人说在台上简直哭了一出。从此他感到嗓子是演戏的重要前提，他便发愤喊嗓，每天天刚刚亮就到窑台喊嗓，并练运用底气的功夫，在这时期并找指音准确、拉法高强的人帮他吊嗓，因而常与陈彦衡一起拉唱切磋，从此建立了彼此相知的莫逆之交。经过长时期的苦练，竟练出了一条宽而且亮的好嗓子。那时孙怡云已然塌中不能唱了改拉胡琴，王瑶卿也逐渐塌中走了下坡路，只能唱西皮，都称他为“西皮旦”，内行中能满宫满调唱几句已没什么人了，于是陈老夫子在各班中声名大振，如谭鑫培、刘鸿声、汪桂芬、孙菊仙等都争着要他配戏。清宣统初年陈老夫子曾随刘鸿声到天津河东东天仙戏园演出，邀陈彦衡为他操琴。演了一段时间，因为配合得好，老夫子地位越高。后来，他与谭鑫培时常合演，因他嗓音脆亮，腔调传情，与谭配合真是珠联璧合。民国四年（1915）在东安市场吉祥园与谭合演《南天门》，因为这出戏一出场紧张的环境异于一般戏，尤其河北梆子的《南天门》出场时与曹福的唱法和身段更为火炽，所以陈老夫子结合剧情特别铆上，内场一句导板就放开了嗓子得到观众的彩声。出场第三句散板“鱼儿闯过千层网”，又唱出了不同一般的腔，在腔即将完又翻回来用个转折的高腔奔放唱出，轰起了一片彩声。谭鑫培未料到陈要好能力如此之强，又因切合剧情，不能诽薄，但不能不在合乎剧情中予以回击。于是他在二人接唱的第四句“虎口内逃出了两只羊”“虎口内”尾音使了个高的炸音震动全场，得到一个可堂好。这是他们二老结合剧情各显其能的空前杰作。当时他女婿余叔岩在座听戏，随后向人谈:“他们嗓子冲，我可不能那么来，得悠着点！”那天是由徐兰沅给他们操琴，故梅兰芳先生《舞台生活四十年》第三集中曾引征徐谈的这段故事。后来老夫子与叔岩常演此剧，老夫子系用回旋悱恻的唱腔与叔岩从另一角度上紧密配合，别有情致，高手处理自有不同。

陈老夫子本着长庚的教导，不肯轻易编腔，但结合剧情及剧中人内在情感，却在每一剧中均破格地有所变化。他所擅长的正工青衣戏如《落花园》、《孝义节》、《祭塔》、《战蒲关》、《彩楼配》等戏都各有不同的特点。《落花园》一段西皮慢板有八个大腔很多地方生动而大方。《孝义节》在高台上唱一段二黄慢板，末一句才下高台，转至下场门。一般的在高台上唱西皮导板，下高台扯四门唱西皮慢板，所以迥然不同。而老夫子在高台上唱的这段“驾祥云冲开了风涛万丈”，二黄慢板却安置了许多好腔，故唱《孝义节》的好多人宗老夫子，成为一派。《祭塔》里有几十句反二黄，其中最突出的是“峨眉山苦修炼千年时候”，这句在“峨眉山”后他使一个突然高八度的腔经过转折后，在“苦修炼”修字上又转到高八度，然后旋转而下，这个腔不但听着兴奋，并且嗓子差的人不敢擅用。《彩楼配》是老夫子的杰作，最精彩的是王三姐上彩楼一场，自内倒板“梳妆打扮出绣房”起，出场后由西皮慢板转二六、几段快板、摇板一直唱到下楼的散板“回府去禀告二位爹娘”，腔中的错综变化、顿挫传情备受欢迎，推为名剧。这是陈的正工青衣戏中的拿手戏。在中年后他与王凤卿时常合演《芦花河》、《宝莲灯》、《骂殿》这一类戏。他对这些戏也字斟句酌地有所改动，但与那时王瑶卿所编的腔有所不同，各尽其妙。到了晚年他经常上演最受欢迎的是《二进宫》和《探母回令》的太后。《二进宫》

的腔高亢激忿，恰合李艳妃的心情，内有一句“徐皇兄年迈难把国掌”“年迈”两字上翻高八度后突然在板上转腔落在中眼之前，变格之奇，使人不可捉摸，确创造了惊人气氛。《探母回令》的太后他以铿锵的唱腔、清脆的京白、庄严的台步，创造出个入木三分的萧太后来，当时有很多人学他都学不像。因为陈老夫子年纪大了，处处请他，确实难以应付，大家就想找个可以代替他的人，于是想到了陈的学生王琴侬。虽然王学得很仔细，可是陈的精华却一点也没学到，所以找他并不能使剧中生色。因此梅、程、尚演《探母》时一定要请求陈老夫子合演，不但全剧生色，还能多上几成坐。在这出戏里老夫子还有些新颖的小腔。如盗令一段快板最后一句“五鼓天明即刻还”，他唱到“五鼓天明”转入摇板后抑扬顿挫、藕断丝连地把“即刻还”三个字徐徐唱出然后用力一放收住。在要下场时唱的一句摇板“五鼓天明候令还”他在“五鼓天明”后面用“凡（4）”字起转个小腔，听起来很新鲜，当时少有这种唱法，后来王瑶卿改编新腔在半句散板里多用此腔为蓝本。还有“回令”一场，与公主对唱的“哪有个长生不老的人”他在“哪有个”后面用高一调的“仜”字转个高腔儿再折回用收腔结尾，这是为加强太后愤怒的心情，听起来也很别致。在这出戏里的腔最巧妙动听头数“五鼓天明即刻还”一句，已深入广大观众心中，他每唱到这句，必得到强烈的彩声，故陈彦衡老先生论陈老夫子的唱法时常说：“陈老夫子的唱每个工尺不论高低，声声入弦，刚柔相济，高下自如，好比闲云在霄，舒卷如意，给他托腔真是无比的愉快。”

陈老夫子并会很多昆曲戏，晚年在堂会中每每烦他演出拿手的昆曲戏如《游园惊梦》、《刺虎》、《水斗》、《琴挑》、《风筝误》、《昭君出塞》，以及吹腔《奇双会》等，都演得精湛细腻，唱做并佳。许多名演员的昆戏都是向陈老夫子学的，如梅兰芳先生的《水斗》、《游园惊梦》和吹腔的《奇双会》都是细心一招一式地跟陈老夫子学来的。他在《舞台生活四十年》中都有详细介绍，后来本着这个良好基础，在舞台实践中，颇有精益求精的改进，所以这些戏也都成为梅先生的拿手杰作。而陈老夫子耐心传授、培育后进，才使京剧发出灿烂的光芒，陈老夫子对于戏曲方面所会所知确实渊博，可称是“文武昆乱一脚踢”了。他所教过的学生数量不少，真称得起桃李满天下，故此京剧界皆尊称他为老夫子。他一生直爽好交，和蔼可亲，在旦行里专心创造了许许多多空前的优良艺术，可算是永垂不朽的一位艺术家。

孙养农评介陈德霖

孙养农

陈德霖小名石头，是旗人（实为汉族入旗籍。编者注），12 岁的时候，先进全福班习昆曲，没有多久又改入三庆班坐科，从程大老板的儿子程章圃、也就是名小生程继先的父亲学昆曲和刀马旦。程大老板对于班中子弟每天的功课，督促得很严厉，凡是传授一个字音，或是一个手势，有时要经过几个月，非要达到了十分准确的地步，才许继续学下去，所以学生的受骂挨打是每天都有的。这就是从前科班教授法的不合理，试想坐科的学生，差不多都是无知无识的小孩子，而科班中的教习又都是资历很深的老先生们，一时之间怎么能把这班孩子教得尽如先生的意思呢！不过后来三庆班出科的学生差不多都享盛名，就因为是当初学习根底深厚的缘故。

陈氏 19 岁出科后，又从田宝琳学乱弹青衣，前清光绪年前，同谭鑫培、汪桂芬、孙菊仙等人，常常承应宫里传差。民国以后，就一直陪谭氏演唱多年。一生所收的学生很多，后辈有名的青衣都拜他为师，像梅兰芳、王瑶卿、王琴侬、黄桂秋等都从他受业。

余（叔岩）氏原配陈氏夫人是德霖的爱女，忠厚敦睦一同乃父。陈、余二人翁婿之间，情同父子。又因为余氏之材可爱，所以更是另眼相看。余氏东山再起的时候，如果需要正工青衣，总是由陈氏来配演。民国九年余氏汉口之行，他也随同前去的。

我在听余氏戏的时候，同时也听到他的戏不少，那时他年已花甲，但是他的嗓子仍旧是珠圆玉润，好像妙龄一样。我曾经问余氏何以他的嗓音到这样高龄还是保持得这样好？原来他自演戏以来，一直到那个时候，历数十余年，无论寒暑，没有一天不是凌晨就起身，到郊外去蹓弯儿喊嗓子的，如此的有恒心，莫怪他要成功了。陈、余二人合演的《南天门》、《武家坡》、《汾河湾》等戏，二人对赛歌喉起来，真是金玉铿锵，洋洋溢耳。尤其在《探母》中去萧太后，他神态举止之庄严富丽，绝无仅有，这就是他在宫中承应的时候，模仿慈禧或王府福晋们的心得。

（摘自孙养农著《谈余叔岩》17—19 页，1953 年香港出版）

陈氏德霖家传[1]

退庵居士辑　陈德霖校

名伶元老文武昆乱青衣花衫兼刀马旦暨昆小生陈德霖，清同治元年岁次壬戌九月初九日吉时，现年57岁，原籍京兆宛平颍川郡人，有草市陈之名。乃前清宦家之后裔，入旗籍镶蓝旗汉军四甲喇多伦布佐领下，其祖世涛世袭二等子爵，官至委散秩大臣正白蒙副都统，调任山东青州副都统，昆季三人。其父名广志号静庵，行二，昆仲二人，其伯名广忠行一，承袭子爵。其父在山东武定府城业粮行，其母滕氏，京兆大兴人。德霖有姐二人，长适外行袁某，次适武净沈易成号小金。有妹二人，长适花旦赵保龄号翠香，后改丑行又号仙舫；次适武生张长保，号琪林。其父故后，家道中落，其母守节，携子女五人来京师，而德霖纯孝过人，伶界皆知之。年甫12岁即为大名鼎鼎程长庚号玉山主四箴堂科班之小门生即名武场面章圃之高足，有别号孝顺鼓之称，因在三庆班向为其父辱骂，即今名文武小生继先之父，章圃与杨月楼、俞菊生、谭鑫培金兰相友善。德霖初学昆弋，后学乱弹，能戏不下三四百出。同门师兄弟如殷荣海、孙二官、张琪林、陆杏林、叶福海、钱金福、侯幼云、李成林、李寿山等。德霖授艺教师名昆伶朱

1　此文是2010年在《顺天时报》查到的，有些内容与以前的史料有出入，仅供读者参考。

洪福、朱莲芬、沈芷秋、章丽秋、沈阿寿、孙彩珠、杜阿五、徐小香、胡喜禄，并今王凤卿琴师田宝琳等之衣钵。其妻元配即丽华主人名昆衫沈芷秋之长女，现继室即名昆乱花衫绮春主人时小福之幼女，即今名老生慧宝之胞妹。有子二人，长名大套，年13岁，现从谭鑫培之高足王月芳学老生、次名二套，年9岁亦学老生。有女二，长适余叔岩，次女尚未字。德霖于光绪五年岁次已卯，年甫十八龄未经满科，是年七月十八、十九两日三庆班应史家胡同清故壬子进士户部左侍郎军机大臣上行走，后升至太子太保大学士浙江仁和王文夔石文恪公相国宅堂会。是二日重要戏目程长庚《伏虎》、《文昭关》、《钗钏大审》，徐小香、杨月楼、黄润甫《八大锤》，徐小香、朱莲芬《梳妆掷戟》、《游园惊梦》，朱莲芬、沈芷秋、孙彩珠、陈兰仙《四思凡》，杨鸣玉带《下山》，杨月楼、卢胜奎、徐小香、钱宝峰、孙二官《群英会》，杨鸣玉、朱莲芬《活捉三郎》，初连奎、何桂山《双包案》，谭金福《伐东吴》、《一门忠烈》、《定军山》，德子杰、李顺亭《巧连环》，卢胜奎、何桂山、刘贵庆《捉放曹》，蒋长福、小二哥《玉玲珑》，李小珍、殷德瑞《镇潭州》，迟定儿、黄润甫、李顺亭、张三元《阳平关》，小叫天、孙二官、陆杏林《状元谱》，李小珍、小玉、张芷芳、朱小元《双泗州》，陆小芬《祭江》，宋福寿、刘赶三《闯山》，杨鸣玉、朱莲芬、叶中定《相梁刺梁》，杨鸣玉、宋赶升《大小骗》，杨月楼、陈德霖、陆小芬《探母》，何桂山《北诈》，迟定儿、孔元福《截江》，小叫天、赵宝芬、李小珍、陈德霖《御碑亭》，卢胜奎、陈德霖《桑园寄子》，陈德霖、李六儿、李七儿、钱金福、李殿甲《金山寺》，卢胜奎《云台观》，陈德霖、陆杏林《戏目连》等戏。并外串四喜班陈兰仙、曹春山、叶中定、姚增禄、王阿巧《千里驹》，梅巧玲、夏福宝、范春桂、鲍福山、吴连奎全本《梅玉配》，刘赶三、梅巧玲《探亲》，余紫云、李砚侬《孝感天》，春华堂、岫云堂《双莲湘》。是日座中观剧中有清故壬戌殿撰翰林院侍读学士南书房行走，后升至太子少保大学士江苏嘉定徐颂阁相国，最为赏识提携甚力，当时相国与徐小香云，此子将来必成大器。今陈伶名蜚剧界果如所云。次年庚辰三月满科，受余友庚辰进士京兆大兴兵部郎中（著名乱弹青衫票友）孙汝梅（号春山行十）指教，后又蒙当时昆弋大顾曲家清故恭忠亲王丙辰翰林延树南尚书、锡介眉京卿及余执友成星阶观察、毓清岩都护之赞赏，迨岁次壬午与鄙人相识甚厚，研究戏曲多年，经是年九月十四日鄙人劝其将漱云改为漱芬，盖因其为人忠厚和蔼，毫无梨园习气也。又岁次甲申蒙余姐丈清故戊辰翰林太子太保尚书嵩犊山文格公大司寇赞赏昆曲。又岁次壬辰蒙余妹丈清故一品荫生太子太保都统景东甫诚慎公尚书钦佩乱弹，相交多年。岁次甲午十月初十日孝钦显皇后六旬庆典，传进昇平署供奉内廷，蒙赐名陈得林。今名伶梅兰芳、王蕙芳、姜妙香、朱幼芬、王琴侬、姚玉芙等俱师之，至其能戏之多，伶界中实无出其右者，且该伶年近花甲，嗓音始终洪亮，犹如壮年，洵剧界之杰才也。

（民国七年《顺天时报》7 月 25—26 日 5 版）

纪陈德霖之桃李

梅花馆主

连日读病鸠、唯唯二君纪“王门桃李”，所涉及陈德霖之门墙诸节均属非是。22日病鸠补遗文内谓王蕙芳、姜妙香、梅兰芳、尚小云四人虽称德霖弟子而未执贽受业，德霖真正弟子仅王琴依一人耳云云，亦属错误，按石头生前所收学生共计9人。民初入门者为王瑶卿、王琴依、王蕙芳、梅兰芳、姜妙香、姚玉芙6人。（以上6人与乃师曾合摄一影。老师中坐，六弟子分次后立。此影曾由梅兰芳命照相馆放大，并托其美术师用绸缎加制袍褂，贴于照片之上，远望之颇像真。此照制成后由六弟子联名送与老师，作为永久纪念。现此照仍悬石头大厅中）

民十后续收者为蒋君稼、黄桂秋二人，晚又收一昆弋名旦韩世昌（君青），君青而后即从此关门。程砚秋亦时向石头请益，石头对砚秋且非常爱悦，凡有所问无不详为启导，故砚秋亦可算得是陈氏嫡传[1]弟子之一也。

（上海《申报》1940年9月22日16版）

1 程砚秋初拜梅兰芳，应称为再传弟子。此可由砚秋为陈德霖60寿抄经落款证明。

张古愚先生回忆陈德霖的弟子[1]

张古愚

老夫子晚年由于梅兰芳、姜妙香已成典型人物，他已做半退休，除了大堂会上有《四郎探母》，少不得老夫子的萧太后与龚云甫佘太君。上海杜月笙杜祠堂会龚云甫来了，老夫子已于一年前病逝了，他年轻时在清宫极力提拔王瑶卿，王进宫还是老夫子的力荐。北京在民国初年票友四大名旦有林钧甫、郭秀仁、蒋君稼、朱琴心，皆为陈门弟子。林钧甫到上海曾下海，上海认花旦，不认青衣，失败后就不再以唱戏为生了。蒋君稼在民国十五年（1926）在上海大新舞台下海，海报已贴出，报上也登了戏广告，结果未登台。朱琴心正式下海，还选上了六大名旦之一（梅、尚、程、荀、徐碧云与朱琴心，朱以《陈圆圆》入选，剧中杨小楼饰吴三桂），后因天津《天风报》沙大风在报上公开了朱琴心的私生活，朱琴心一气之下不再唱戏。民国十七年（1928）韩世昌拜老夫子门下为徒，韩为北昆名旦，陈德霖授他《孝义节》、《三击掌》、《母女会》、《御碑亭》，并为他加工了《出塞》。陈关山门弟子是富连成社陈盛荪。陈老夫子是红豆馆主溥西园的请教对象，他是王爷。欧阳予倩、荀慧生都不是陈门弟子。吴彩霞与老夫子

1　此文根据张古愚先生来信整理而成。

是同辈，只有黄桂秋拜过陈为师。尚小云是孙怡云弟子，孙怡云当时地位还略超过老夫子，尚小云的萧太后与陈派不同。陈派传授了王瑶卿、王琴侬、梅兰芳，吴彩霞偶演太后亦学陈派。王瑶卿传于武汉票友章晓珊（平汉铁路票房），芙蓉草的陈派萧太后，即由章晓珊嫡传。陈派唱导板上场，尚派不唱导板，进场两句唱词亦不同于陈派。陈派以《孝义节》、《二度梅》为看家戏，并非《三娘教子》、《芦花河》。

民国八年（1919）朱幼芬在汉口大舞台，第一期就是刘鸿升与陈德霖，只唱10天；第二期留下陈老夫子，又来了王凤卿；第三期留下王凤卿，旦角添上梅兰芳；第四期留下梅兰芳，老生换上余叔岩；第五期留下余叔岩、梅兰芳，换上武生杨小楼。只有第一期上座最好。

陈德霖的《祭江》唱词唱曲皆出自孙春山，孙捧陈。又有一个林季鸿捧时小福，林绍琴（季鸿七弟）另拜余紫云。这三位都是作曲的名士，其中以孙春山为大。

耆旧凋零 殊堪轸悼（摘录）

作者不详

陈德霖以青衣泰斗享誉数十年，群称“老夫子”。其声调之清刚隽上，容止之庄雅沉稳，不但时下旦角鲜其伦比，即其同辈之余紫云等亦以敏婉取胜，不及德霖之清肃。然其少时常为时、余、张诸旦所掩，不甚得志。坐科时刀马旦、花旦，无不习之，《杀四门》、《小上坟》皆所擅长。三十（岁）以前，音气亦不及晚年之苍劲。名当在张七眼（张紫仙）之下。中年以后，嗓日佳，名日高，其演戏亦日趋严格。《二进宫》、《大保国》、《战蒲关》、《武家坡》、《孝义节》有独步一时之概。而擅名最盛者，为《探母》之萧太后，此角实在亦是花旦，被德霖演得别有神韵，自成一模范格（同时善演萧后之李宝琴亦只《雁门关》尚能与德霖争席）。至《汾河湾》之柳迎春的确是青衣角色，德霖晚年只演《跑坡》（即《武家坡》）不演《汾河湾》，以其做念涉于细琐，与老年状貌不甚相宜。故谭（鑫培）氏晚年虽常与之合演《南天门》、《武家坡》，而《汾河湾》一剧仍须求之于瑶卿、兰芳。可见伶人演剧，并非尽拘一格，不过就大体而论，总是正旦风度正。

“老夫子”晚年桃李盈门，然以其声调须真力气，故拜门者多是“声光主义”。只管说是陈门高弟，唱的可是瑶、兰体。惟王琴侬音气相似，具体而微。韩世昌从学数年，余尝偕步塘过德霖处，观其为世昌说《彩楼》，字斟句酌，一丝不苟。世昌亦步趋唯谨，低声曼度，宛然妙肖，德霖甚嘉许之。然与世昌之剧业实无多大关系，好学而已。

吾懒于交际，与剧界更少往来。因世昌学皮黄，故与德霖则有数面缘，觉其人老成厚重，诚朴安和，绝无伶界习气。与谈皮黄声韵字法多相忻合。予谓谭鑫培唱戏管腔不管词，词义多支离不通。德霖顾在座之陈桐仙曰如何！德霖夙亦见及此，苟同业及一般顾曲家之谭迷偶像过重，知之亦不敢发。我乃局外人，但就事论事，冲口而出。德霖固藉吾言以为证也。又关于故伶轶事，如程长庚老年败于汪大头，老伶唱皮黄多土字等与隔膜式的谈戏者不同。其他关于伶票之评语皆迹实，亦与世人评论标榜者有异，盖皆亲历甘苦之谈也。年龄以昔所语者推之，今年当是69岁。虽自幼在北京坐科，闻其原籍实鲁之泰安人云。

其声调在陈彦衡君记忆者不少，闻现在编订谭曲中，旦角即有德霖之唱白，然以文字表现声术，其效率终不如留声机，百代、高亭，可云德霖之功人，亦幸逢科学之运会，比时、余诸人为足庆矣。

（天津《大公报》1930年8月2日）

陈德霖成名注意私生活

作者不详

昔年青衣前辈陈德霖，内外行尚以徽号叫老夫子，即以这三个字的字面来看，就可以代表他的伟大人格，耆年硕德才能称夫子，而再冠以老字，更是一件不容易的事。

陈在壮年倒仓后每天黎明即起，不分寒暑，到陶然亭去喊嗓子，数年如一日，所以年逾古稀而嗓子之清脆如幼童，设没下过苦功，焉能有如此收获？某名宿所以在四十岁之后塌中，就误于阿芙蓉之癖，倘不吸烟绝不会如此，况小嗓最忌者鸦片，因为鸦片烟的功能虽然能助人精神，但是对于小嗓非常不宜。

陈老夫子的嗓子，不但响亮，且每饭辄饮白干酒，虽然饮酒而并损害他的嗓子，饮后照常能唱。我与老夫子交称莫逆，时相过从，有时陈兴之所至，随便消遣，每歌《祭塔》，必须由裘桂仙代其操琴。一日与时慧宝合唱《骂殿》一折，声如裂帛，顿挫攸扬，一种悲愤凄惨之音，可代表贺后当年心情，绝不似如今旦行专注重巧腔花调为能事。彼时时四嗓子正冲，大段二黄慢板歌来纯属黄钟大吕之音，佐以桂仙胡琴可称三绝。他人均盛称裘桂仙净工特佳，吾独赞成渠的胡琴，因裘的指音刚柔适宜，工尺准确，可媲美于孙乐元。

陈德霖虽为叔岩之泰山，而对于叔岩督责极严，每次同台合演，稍有不如意辄有烦言，因叔岩适值嗓子别拗，调门当然比其丈人峰低矮。某日合演《南天门》，又因调门悬殊，下装后陈老夫子复发牢骚说：你总要好好用点苦功，这样嗓子不吃调门将来怎么好？叔岩闻言不敢辩白，只好忍气唯唯而已。陈与叔岩之父紫云为一时瑜亮，交谊至深，后来结亲，视余三如亲生子，极望叔岩成名，乃恨铁不成钢之意。叔岩之艺成功泰半由于陈维护之力，其次则姚增禄、钱金福、王长林等辅助，受益亦多，如《打棍出箱》一手一式，均系长林所指导，故长林死后，叔岩再出演则仍用王长林之子福山，乃不忘故人之义也。

某年叔岩初次演《失印救火》于什刹海会贤堂，饰白头，以王长林配知县金祥瑞，汪金林家院，冯惠林巡按白简，配搭极佳，白槐下船时用扇子遮着脸有个身段，叔岩非常得意，翩向红豆馆主（侗五是日亦有戏）请教，求为指示。侗谓别的都不坏，就是那个下船身段差一点，因为照那样做法不是老谭而像贾狗子（洪林），遂将老谭所使的身段一一详细教导。叔岩如获至宝，佩服之至，说："我今天不白露这出戏，总算受益不浅。"可见叔岩对于艺术是何等虚心了。

（摘自《伶人成名宜注意私生活》一文，见《三六九画报》26卷5期21页）

陈德霖艺术活动年谱

陈志明

陈德霖（1862—1930）名鋆璋，字麓畊，号漱云，又号漱芬或瘦云，小名石头。原籍山东黄县。德霖为民国初年京剧界承前启后之代表人物，曾被誉为“青衣泰斗”。而德霖幼年习昆曲，造诣颇深，堪称“文武昆乱不挡”。大多数旦角名家皆师事陈门或受其指授。

1862 年（同治元年）1 岁

农历九月初五日德霖生于北京。

1873 年（同治十二年）12 岁

德霖兄妹 5 人随母亲来京投亲，入恭王府立的全福昆腔科班[1]初学昆旦，艺名陈金翠。不久该班解散，又加入程长庚主办的三庆班[2]。从长庚之养子章圃习刀马旦，后又从著名昆旦朱莲芬学戏。

1874 年（同治十三年）13 岁

程长庚从南方请来名教师朱洪福教戏，德霖从其学花旦戏《打花鼓》、《挑帘裁衣》。

1　由杜步云领班所立全福昆腔班，于同治十二年七月二十九日向精忠庙报庙。见王芷章《清代伶官传》。齐如山在《南金》杂志上发表《陈德霖小史》中称德霖 9 岁入全福科班学戏，时间有矛盾，待查。

2　三庆班地址在宣武区（现改西城区）百顺胡同路南门牌 34 号。

年末，清同治帝病故。遇国丧，各戏班均停演，三庆班也解散。为维持生活，德霖清唱于文昌馆[1]。名宿杨鸣玉、王九龄曾与陈合演《活捉》、《武家坡》等戏。

1879年（光绪五年）18岁

农历七月十八、十九两日，三庆班应石宅堂会，德霖分别与卢胜奎、李寿山、钱金福、陆杏林、杨月楼等合演《探母》、《御碑亭》、《桑园寄子》、《金山寺》、《戏目连》。

1880年（光绪六年）19岁

本年阴历三月出科，因坐科期间已有一定声誉，故各戏班纷纷争聘。因昆曲日衰，又拜三庆班教师田宝琳学"乱弹"（京剧）青衣，德霖一边学艺一边搭三庆班演出。继而又从名票孙汝梅字春山先生研究唱腔唱词。在演唱方面受孙的影响很大。

1881年（光绪七年）20岁

谭鑫培邀请德霖组班赴沪演出，因交通不便，陈婉言谢绝。

1882年（光绪八年）21岁

农历八月恭王府堂会[2]，四喜班外串。德霖分别与王楞仙、谭鑫培、金秀山合演《奇双会》、《战太平》。这次堂会戏有叶中定、王九龄参加演出。

1883年（光绪九年）22岁

德霖曾分别与黄润甫、王长林、张紫仙、杨月楼、卢胜奎等合演《法门寺》、《五花洞》、《长坂坡》和《祭塔》等戏。年内德霖已唱红。

1884年（光绪十年）23岁。

三庆班排演一至六本《雁门关》。杨月楼饰四郎，王楞仙饰八郎，周长顺饰佘太君，陈德霖饰青莲公主，张紫仙饰碧莲公主，孙彩珠饰萧太后，朱四十（朱文英）饰蔡秀英。

1　文昌馆地址在宣南铁门南口内路西，但实地调查未落实。

2　按周明泰著《道咸以来梨园系年小录》记载为光绪九年八月初七日恭王府堂会。后经王芷章先生走访叶盛章称：叶中定在光绪九年七月十七日卒，王九龄于同年六月十九日卒，故此次堂会应提前到光绪八年。

1885 年（光绪十一年）24 岁

农历八月初七日，恭王府堂会，德霖与谭鑫培、金秀山、罗百岁等合演《战太平》。

1886 年（光绪十二年）25 岁

安徽会馆三庆班外串带灯。德霖演《孝感天》，又与张紫仙、俞菊笙等合演《五花洞》、《长坂坡》。

1887 年（光绪十三年）26 岁

恭王府春台班外串带灯。陈德霖与陆杏林、徐阿奔合演《奇双会》，与金秀山、王仙舟合演《二进宫》。

本年内三庆班解散，陈乃独立组织承庆班，主要演员有俞菊笙、朱文英、朱素云、许荫棠、黄润甫、张淇林、赵仙舫等人。此乃京剧旦角组班之最早者。

德霖与著名昆旦三庆班老师沈芷秋之长女结婚。

恭王府堂会，德霖分别与陆杏林、金秀山、王仙舟合演《奇双会》、《二进宫》、《陈塘关》、《绝缨会》。

1888 年（光绪十四年）27 岁

长女陈淑铭出生（后适余叔岩，1933 年病故）。

1890 年（光绪十六年）29 岁

五月二十五日，德霖与谭鑫培、孙秀华、罗寿山等 4 人同时被选入昇平署承差演戏。初次入昇平署，陈德霖、孙菊仙首演《二进宫》。

六月初一日，在中南海纯一斋演昆曲《昭君》。

七月，德霖与周长山、刘金山、戴锦林等在广德楼上演《四进士》。虽临酷暑，但观众非常多，连楼顶都站满了看戏的人。

十月初八日，在颐年殿演出昆曲《昭君》。

1891 年（光绪十七年）30 岁

正月十二日，在颐年殿与王桂花（即王楞仙）合演《小宴》。

正月十三日，在颐年殿与常顺合演《断桥》。

五月初六日在纯一斋与王桂花合演《絮阁》。

八月十五日在纯一斋与王桂花合演《琴挑》。

十月初八日在颐年殿演出《昭君》。

十月初九日在颐年殿与王桂花合演《琴挑》。

十月十一日，在颐年殿与王桂花合演《游园惊梦》。

1892 年（光绪十八年）31 岁

正月初五日，在颐年殿与王桂花合演《小宴》。

八月初五日，在纯一斋演出《昭君》。

十月十五日，在颐年殿与王桂花合演《小宴》。

十一月十五日，谭鑫培、王楞仙、陈德霖作为承班人，恢复了三庆班，报庙时写作“复出安徽三庆班”，主要演员有王楞仙、杨隆寿、张淇林、陆杏林、冯蕙林、杜蝶云、谭嘉荣、戴锦山、杨长林等。

1893（光绪十九年）32 岁

四月初八日在漱芳斋与王阿巧合演《絮阁》。

四月十二、十五、十九日，在漱芳斋与王桂花合演《游园惊梦》、《乔醋》、《小宴》。

八月初三日，在纯一斋与王楞仙合演《风筝误》，大轴由王楞仙、谭鑫培合演《群英会》。

陈德霖之次女陈淑贞出生（未嫁，1952 年病故）。

1894 年（光绪二十年）33 岁

二月十四日，在颐年殿演出《昭君》。

阴历十月初十日，西太后六旬寿时，赐名陈得林，在宫中用此名。

1896 年（光绪二十二年）35 岁

二月十四日，在颐年殿演出《昭君》。

年初，德霖所组之承庆班在宫中演出 4 次，每次得赏银 15 至 20 两。

四月，又在宫中演《天雷报》、《得意缘》、《回营打围》、《百草山》、《四进士》等戏。

1897 年（光绪二十三年）36 岁

9 月，陈德霖与余玉琴、贾丽川等合组福寿班，主要演员有贾洪林、陈瑞林、范福泰等。

十二月十五日、二十三日，在颐年殿与时小福合演《五花洞》，与孙菊仙合演《二进宫》。

1898年（光绪二十四年）37岁

正月十三日，在颐年殿与王桂花、孙菊仙合演《御碑亭》。

二月初四日，在颐年殿与孙怡云合演《孝感天》。

四月，汪桂芬由上海回京，应陈德霖、余玉琴之邀，入福寿班演唱。

十二月二十八日，陈德霖与罗寿山合演《探亲》。

本年内在宫中与王楞仙合演《奇双会》。

1899年（光绪二十五年）38岁

六月十五日，在纯一斋与王桂花合演《琴挑》。

七月初七日，在纯一斋与谭金培（即谭鑫培）合演《宝莲灯》。

十月初九日，在颐年殿与谭金培合演《御碑亭》。

十月十一日，在颐年殿演出《昭君》。

十五日，在颐年殿演出《琴挑》。

十二月初九日，福寿班外串带灯：

《富贵长春》，何桂山、李寿山、张阿金《火判》，《御甲封王》，何桂山《御果园》，孙怡云、龙友云、张小山《二进宫》，俞小五（振庭）、迟亮《小金钱豹》，余玉琴《醉酒》、《小溪皇庄》，龙友云、陈福奎《定军山》，李顺亭、孙怡云《芦花河》，刘永春、戴韵芳《锁五龙》，王楞仙、路玉珊、高士杰《红鸾禧》，陈德霖《出塞》，黄润甫、德子杰、周长山、戴韵芳《审七长亭》，路玉珊、朱素云、迟韵卿、罗寿山《翠屏山》，许荫棠、刘永春、李顺亭《取荥阳》，王楞仙、贾洪林、李顺亭、黄润甫、张淇林、董凤岩《八大锤》，朱素云、罗寿山《连升三级》，沈蕊香、张彩林、郑盼仙、唐永常、范福泰、唐玉喜《龙马姻缘》，许荫棠、冯韵峰《除三害》，黄润甫、张淇林、董凤岩、李顺亭、朱文英、侯春兰《取金陵》，德子杰、贾洪林、冯韵峰《卖马》，唐玉喜、余玉琴、周长山、高士杰、陆小芬、冯韵峰《英杰烈》。此外，陈德霖又与俞菊笙、张淇林、王雨田等合演《长坂坡》、《战蒲关》。

1900 年（光绪二十六年）39 岁

年初，在东四八条东口元明寺（据《北京寺庙通检》记载，元明寺不在东四八条。而周明泰著《梨园系年小录》认为元明寺在东四八条）。前临时搭台演出。德霖与谭鑫培、贾洪林、田桂凤、黄润甫等名角均应邀参加，德霖与贾洪林合演《宝莲灯》、《桑园寄子》等戏。

德霖为王瑶卿说《玉堂春》、《雁门关》、《探母》等戏。

在宫中承应剧目：

正月初四日，在颐年殿与谭鑫培合演《戏妻》。

正月十九日，在颐年殿与孙怡云合演《孝感天》。

二月初一日，在颐年殿与龙长胜合演《满床笏》。

三月十五日，在颐年殿与李顺亭合演《二进宫》。

四月十六日，在颐年殿与孙怡云合演《孝感天》。

五月十五日，在纯一斋与李顺亭合演《宝莲灯》。

八月十四日，八国联军入北京。德霖家所住前门外百顺胡同为美军驻防。某日，一美国兵无理寻衅，对陈连踢带打，德霖奋起反抗，痛骂洋人。

福寿班因八国联军入侵北京暂时解散。年内名旦时小福病故。

1901 年（光绪二十七年）40 岁

德霖与陆华云、余玉琴重组福寿班。这次重组网罗了庚子前三庆、四喜、春台各班之名角近二百人。

王瑶卿在东四北魏家胡同英家花园排演《雁门关》，德霖饰碧莲公主。后又与周长顺合演《四进士》、与俞润仙合演《晋阳宫》、《混元盒》、《二进宫》、《打金枝》、《探母》等戏。

1902 年（光绪二十八年）41 岁

在宫中承应剧目：

正月初一日，在宁寿宫主演《昭君》。

正月初十日，在宁寿宫与李顺亭合演《宝莲灯》。

正月十五日，在宁寿宫主演《奇双会》。

小正月十六日，在宁寿宫与孙怡云合演《孝感天》。

正月十九日，在宁寿宫主演《昭君》。

二月十五日，在宁寿宫主演《祭江》。

四月初四日，在宁寿宫与熊连喜合演《孝感天》，与李顺亭合演《宝莲灯》。

五月初四日，在宁寿宫与李顺亭合演《赶三关》。

六月二十日，在宁寿宫与谭金培、郎得山合演《二进宫》。

七月初一日，在宁寿宫与李顺亭合演《牧羊卷》。

七月二十六日，在纯一斋与郎得山、汪桂芬合演《二进宫》。

八月初一日，在纯一斋与王桂花合演《游园惊梦》。

八月十三日，在颐乐殿与谭金福、孙怡云合演《探母》。

十月十四日，在颐乐殿主演《昭君》。

十月十五日，在颐乐殿与罗寿山合演《探亲》。

十一月二十六日，在宁寿宫与王阿巧合演《絮阁》。

十二月二十九日，在宁寿宫与孙怡云合演《落花园》。

本年秋，经德霖举荐，王瑶卿入清宫承差，补时小福之缺。

1903年（光绪二十九年）42岁

本年在宫中承应剧目为：

五月十六日，在颐乐殿与汪桂芬、郎得山合演《二进宫》。

六月二十五日，在颐乐殿与罗寿山合演《探亲》。

六月二十六日，在颐乐殿与李顺亭合演《芦花河》。

十月初十日，在颐乐殿与汪桂芬合演《御碑亭》。

十一月十五日，在宁寿宫与李顺亭合演《宝莲灯》。

另见其他史料记载本年在宫中承应剧目：

王楞仙、余玉琴、陈德霖、李永泉合演《得意缘》；王楞仙、陈德霖合演《奇双会》。

陈德霖原配夫人沈氏病故。

1904 年（光绪三十年）43 岁

根据慈禧的旨意，由陆华云、胡素仙主办小长春科班，凡在宫内承差的名角都必须在班内任教，德霖也在其内。

德霖续娶著名昆旦、同光十三绝之一时小福之女为妻。

十月，上谕令德霖专管文旦角之戏（即正式担任教习），赏加双份钱粮。

十月十三日，德霖与谭鑫培、朱素云、王瑶卿等去颐和园承差演出。

年内姜妙香重新下挂，向陈德霖学习生旦对戏。田宝琳曾自立“瑞云堂”课徒，陈德霖、王琴侬、姜妙香等均出其门下。田宝琳嗓败后曾为陈德霖操琴。

1905 年（光绪三十一年）44 岁

八月，在南海承应剧目为《昭君》。

1906 年（光绪三十二年）45 岁

德霖搭鑫培所组之同庆班，与谭鑫培、金秀山等合演《战太平》。

长子陈少云出生（曾从老伶工王月芳习老生，后改学场面。1946年病故）。

为悼念惠兴女士以身殉学，北京妇女匡学会于 3 月 29 日、4 月 2 日、4 月 5 日举办筹款义务戏演出，地点在打磨厂福寿堂。谭鑫培、陈德霖等梨园名家近 70 人均参加义演。

3 月 29 日，何桂山、许荫棠《双投唐》，朱文英、王长林《小放牛》，龚云甫、孙喜云《探窑》，陈德霖、孙怡云、侯俊山《四面观音》，张淇林《安天会》，姜妙香、侯俊山、田桐秋《孝感天》，王凤卿、贾洪林《战成都》，刘鸿升、朱素云《双狮图》，余玉琴、王瑶卿、陆华云、郎得山、李连仲《十三妹》，田际云、乔荩臣、罗寿山、陈鸿禧、李金茂、罗百岁、李玉贵前部《舍身殉学》，俞菊笙《挑华车》。

4 月 2 日，刘春喜、孙喜云《武昭关》，俞振庭《金钱豹》，钱金福、陆杏林《芦花荡》，龚云甫、讷绍先《徐母骂曹》，路三宝、德珺如、金秀山、黄润甫《穆柯寨》，王瑶卿、王凤卿《万里缘》，刘鸿升、姜妙香、陈德霖、龚云甫《探母回令》，俞菊笙、瑞德宝《铁笼山》，田际云、乔荩臣等合演中部《舍身殉学》，谭鑫培、王楞仙、周长顺、高德禄《八大锤》。

4 月 5 日因无陈德霖的演出故剧目从略。

1907 年（光绪三十三年）46 岁

二月，陆华云宫中主持排演《雁门关》时，德霖饰萧太后一角，很得慈禧太后的赏识。

3 月（阳历），吴松泉成立梆子、皮黄“两下锅”的小科班，为提高科班的知名度，曾邀请各班名伶与学员共同演出，如姜妙香、王凤卿、李寿山、朱文英、陈德霖、金秀山、张文斌等都在受邀之列。

1908 年（光绪三十四年）47 岁

年内百代公司在北京录制第一批戏曲唱片。德霖应邀录制《祭江》一张，《赶三关》、《银空山》一张。

1909 年（宣统元年）48 岁

德霖搭同庆班。

四月十六日与谭鑫培合演《战太平》。后来又随名老生刘鸿升赴天津，演于天仙戏园，并特请陈彦衡先生操琴，二人配合默契，演出效果极佳。

1910 年（宣统二年）49 岁

德霖在春庆班分别与谭鑫培、谢宝云合演《朱砂痣》、《孝义节》、《战太平》、《打渔杀家》等戏。本年秋，姜妙香正式拜陈德霖为师。德霖为姜妙香说《雁门关》、《贩马记》、《探亲》等戏。后因姜嗓子不好，德霖建议他改习小生，并介绍妙香拜鲍福山学戏。未久鲍老病逝，姜又向江春山问艺。

1911 年（宣统三年）50 岁

德霜退出昇平署。年内随余叔岩赴河北保定淮军公所演唱《探母》。同去者有诸如香、时慧宝、钱金福等人。

农历五月初五日，次子陈少霖出生。

本年内经陈德霖介绍，姜妙香又拜冯蕙林为师学小生戏。王琴侬也在年内拜陈德霖为师学戏，此时曾照《戏目连》剧照两张。

1912 年（民国元年）51 岁

田际云、杨桂云、余玉琴等人在京组织“正乐育化会”。为救济梨园界穷苦同行及解决子女读书的困难，连续两天义演。第一天，德霖演出拿手昆曲《昭君》，方秉忠吹笛，曹心泉吹箫。

本年冬，德霖长女陈淑铭与余叔岩结婚。由姜妙香、王瑶卿、王琴侬、王蕙芳等四人担任婚礼的提调。

民国以后，为倡导昆曲艺术，由名票溥侗（红豆馆主）组织业余昆曲研究团体“言乐社”，德霖与钱金福两位昆曲前辈都应邀参加，并在宣武门外江西会馆献艺。

1913 年（民国二年）52 岁

梅兰芳邀请余叔岩、王凤卿、龚云甫、王长林、钱金福等人在新明戏院排演全本《雁门关》，德霖一度参加演出饰演萧太后。

11 月 25 日，与谭鑫培、贾洪林、吴彩霞等在天乐园合演《探母》。

1914 年（民国三年）53 岁

1 月，梅兰芳、王蕙芳师事陈门。梅兰芳是德霖最得意的弟子，学戏也最多；同时在德霖门下学戏的还有王瑶卿、王琴侬、姜妙香、姚玉芙，并称为德霖的六大弟子。

由樊棣生创办的春阳友会票房成立，由李经畬任名誉会长。票房还邀请钱金福、陈德霖、王瑶卿、梅兰芳、姜妙香等参加活动，红豆馆主、卧云居士、郭仲衡、言菊朋、包丹庭、朱琴心都是该会的名票。余叔岩此时尚未正式出台，也以票友身份参加演出，以尽快恢复嗓音。

1914 年春阳友会堂会剧目：

赵芝香《彩楼配》，朱桂芳《泗州城》，陆凤琴《荷珠配》，王荣山《定军山》，舒子宽《玉门关》，王长林《巧连环》，世哲生《安天会》，恩禹之《举鼎观画》，王君直、裘桂仙《骂曹》，钱金福、王长林《祥梅寺》，红豆馆主《梅龙镇》，林钧甫《小放牛》，松介眉《胭脂虎》，朱琴心《牡丹亭》，秦腿庵、陈德霖、裘桂仙《二进宫》，杨小楼《状元印》，梅兰芳《宇宙锋》，红豆馆主《风筝误》，陈德霖、王琴依、姜妙香、诸如香、王丽卿《四面观音》。

10月24日，双庆社文明园日场：

大轴孙菊仙、陈德霖、程继先、诸茹香、李寿山、高四保、李寿峰《四进士》。

搭班永庆社，与谭鑫培、梅兰芳、谢宝云、王凤卿、许荫棠等分别合演《朱砂痣》、《回龙阁》、《探母》、《珠帘寨》、《武家坡》等。

姜妙香改唱小生后，德霖继续为姜传授小生戏。

1915年（民国四年）54岁

主要搭双庆社、合庆社演出。

1月1日，第一舞台陈德霖与谭鑫培、刘永春合演《二进宫》。

2月5日，俞振庭安排陈德霖携爱婿余叔岩在广和楼演唱夜戏。陈德霖又替姜妙香选择这一晚正式露演小生戏。当天的剧目有：

王荣山《卖马》，李荣生《奇冤报》，李鑫甫《战太平》，姜妙香《监酒令》，俞振庭《艳阳楼》，余叔岩《打棍出箱》，路三宝、王蕙芳《樊江关》，大轴梅兰芳、陈德霖、时慧宝、王凤卿、高庆奎、谢宝云《探母回令》。

4月18日，双庆社吉祥园日场：

姜妙香《未央宫》，王毓楼《金钱豹》，胡素仙《斩窦娥》，俞振庭《连营寨》，孟小如《雪杯圆》，大轴梅兰芳、陈德霖、龚云甫、孟小如、路三宝全本《雁门关》。

7月25日，双庆社吉祥园日场：

李荣生《斩黄袍》，朱桂芳、程继先《蔡家庄》，姚玉芙《别宫》，姜妙香《白门楼》，王凤卿《昭关》，梅兰芳《起解》，大轴俞振庭、梅兰芳、陈德霖、姜妙香、龚云甫、高庆奎、路三宝全本《混元盒》。

11月14日，双庆社吉祥园日场：

王毓楼《一箭仇》，朱桂芳《打瓜园》，姚玉芙《大保国》，谢宝云《钓金龟》，路三宝、程继先《马上缘》，俞振庭《艳阳楼》，王凤卿《捉放曹》，大轴梅兰芳、陈德霖、姜妙香、李寿山《风筝误》（“惊丑”、“前亲”、“逼婚”、“后亲”）。此为梅兰芳与陈德霖、姜妙香首次合演此剧。

12月16日，双庆社堂会戏，其中有陈德霖、梅兰芳、姜妙香、李寿山、李寿峰、郭春山《风筝误》，又大轴陈德霖、梅兰芳、王凤卿、程继先、谢宝云、诸如香三本《雁门关》。

12月26日，广和楼陈德霖与谭鑫培、名票书子元合演《二进宫》。本年冬吉祥园大雪天谭鑫培、陈德霖合演《走雪山》，堪称珠联璧合。

1916年（民国五年）55岁

德霖搭班双庆社演出。

1月7日，在吉祥戏园白天陈德霖与谭鑫培合演《南天门》。

1月15日，双庆社文明园日场：

大轴梅兰芳、陈德霖、姜妙香、李寿峰、李寿山、郭春山、曹二庚《风筝误》。

1月19日，双庆社吉祥园日场：

朱桂芳《泗州城》，路三宝、贾洪林《翠屏山》，俞振庭、黄润甫《挑华车》，王凤卿、姚玉芙《朱砂痣》，大轴梅兰芳、陈德霖、姜妙香、郭春山、李寿山《风筝误》。

3月1日，合庆社文明茶园，陈德霖与范宝亭、俞振庭合演《长坂坡》。

6月5日，双庆社吉祥园日场：

大轴梅兰芳、王凤卿、陈德霖、姜妙香、俞振庭、李连仲、贾洪林《混元盒》。连演8天，每天一本。

8月2日，冯宅堂会戏目：

大轴梅兰芳、陈德霖、姜妙香、李寿山、郭春山合演《风筝误》。

12月3日，第一舞台赈灾义务戏，陈德霖、王瑶卿、王蕙芳、路三宝、贾洪林等合演六本《雁门关》。年内曾陪女婿余叔岩赴天津演于升平舞台，同去者有钱金福、慈瑞泉、贾福棠、诸如香等。因演员搭配齐整，誉满津门。

1917 年（民国六年）56 岁

德霖主要搭班双庆社、春合社演出。

1 月 12 日，吉祥园春合社日场：

压轴陈德霖、谢宝云《孝义节》，大轴谭鑫培、梅兰芳《汾河湾》。

1 月 14 日，乐老堂堂会戏目：

开场《赐福》，《百寿图》，倪少奎《草桥关》，贾洪林《浣花溪》，程继先《探庄》，九阵风、王长林《小放牛》，余叔岩、王长林、贾福棠《打棍出箱》，陈德霖、郭春山《出塞》，王凤卿、梅兰芳《《汾河湾》，王蕙芳、黄润卿《樊江关》、《阳平关》，路三宝《醉酒》，王瑶卿、王凤卿《万里缘》，杨小楼、钱金福《长坂坡》，梅兰芳、姜妙香《嫦娥奔月》，大轴谭鑫培、陈德霖、王瑶卿、冯蕙林《探母回令》。

1 月 16 日，吉祥园春合社日场：

陈德霖、刘景然、李顺亭《大献长安》，梅兰芳、姜妙香、姚玉芙、李敬山、诸茹香《黛玉葬花》，谭鑫培、增长胜、李连仲《行路宿店》。

1 月 16 日，吉祥园春合社日场：

倒第三陈德霖、姜妙香《彩楼配》，压轴梅兰芳《闹学》，大轴谭鑫培、李寿山、李顺亭《失街亭》。

1 月 28 日，公府筵宴日场：

倒第三陈德霖、龚云甫《孝义节》，压轴杨小楼、钱金福《铁笼山》，大轴谭鑫培、陈德霖、王瑶卿、钱金福、王长林、冯蕙林《珠帘寨》。

2 月 24 日，第一舞台安徽赈灾义务夜戏：

倒第三陈德霖、贾洪林《三击掌》，压轴王凤卿、王瑶卿《万里缘》，大轴梅兰芳、姜妙香、姚玉芙《黛玉葬花》。

2 月 25 日，第一舞台安徽赈灾义务戏（第二天）：

压轴王凤卿、陈德霖、王蕙芳、李顺亭《探母回令》，大轴梅兰芳、姜妙香、路三宝《邓霞姑》。

3 月 3 日，吉祥园春和社日场：

压轴梅兰芳、姜妙香、姚玉芙、李敬山《佳期拷红》，大轴谭鑫培、陈德霖《南天门》。

4 月 8 日，那家花园欢迎陆荣廷堂会戏目：

开场《大赐福》，钱俊仙、孙砚亭《打樱桃》，许荫棠、德珺如、赵芝香、汪金林、杨韵芳《打金枝》，朱桂芳、许德义《取金陵》，高庆奎《卖马》，朱桂芳、王长林、范宝亭《打瓜园》，路三宝、李敬山《醉酒》，王蕙芳、王瑶卿、张彩林、罗福山、赵芝香《得意缘》，刘鸿升、梅荣斋、马福山《辕门斩子》，陈德霖、龚云甫《孝义节》，王凤卿、刘景然、董俊峰《取成都》，杨小楼、李连仲、李顺亭、傅小山、钱金福《连环套》，梅兰芳、姜妙香、姚玉芙、慈瑞泉、诸茹香《黛玉葬花》，李凤云《四杰村》，刘喜奎《错中错》，沈飘香《破洪州》，鲜灵芝《红鸾禧》，大轴谭鑫培、贾洪林、李连仲《捉放曹》（后临时因病改演《洪羊洞》“病房”一场，此为谭氏病逝前的最后一场演出）。

8 月 22 日，第一舞台京兆水灾大义务戏头天夜戏：

倒四余叔岩、王长林、慈瑞泉《打棍出箱》，王瑶卿、陈德霖、龚云甫、王蕙芳、贾洪林八本《雁门关》，压轴梅兰芳、王凤卿、姜妙香《牢狱鸳鸯》，大轴杨小楼、钱金福、田桂凤、郝寿臣《战宛城》。

8 月 23 日，京兆水灾大义务戏第二天夜戏：

第四出余叔岩、郝寿臣、余小琴《阳平关》，高庆奎、李顺亭、吴彩霞《战蒲关》，王瑶卿、王蕙芳《天河配》，龚云甫、陈德霖《孝义节》，梅兰芳、姜妙香、姚玉芙、贾洪林《金山寺》，压轴田桂凤，杨小朵、路三宝、黄润卿《四摇会》，大轴杨小楼、钱金福《骆马湖》。

8 月 24 日，第一舞台京兆水灾大义务戏第三天夜戏：

第二出余叔岩、方洪顺《宁武关》，孟小如、胡素仙、裘桂仙《二进宫》，田桂凤、黄润卿《红鸾禧》，时慧宝《桑园会》，杨小朵、朱桂芳、王长林《锯大缸》、《百草山》，王瑶卿、路三宝、金仲仁《得意缘》，王凤卿、王蕙芳、龚云甫、陈德霖《探母回令》，梅兰芳、姜妙香《千金一笑》，杨小楼、钱金福《安天会》。

10月5日，双庆社吉祥园日场：

大轴梅兰芳、陈德霖、姜妙香《风筝误》。

10月14日，吉祥园为天津水灾赈灾义演日场：

大轴梅兰芳、陈德霖、姚玉芙、王凤卿、姜妙香、陈文启六本《雁门关》。

年内陆宅堂会陈德霖与老生名票恩禹之等合演《审头刺汤》。这是晚年营业戏很少露演的剧目。

1918年（民国七年）57岁

春节，在总统府唱堂会，余叔岩首次露演《珠帘寨》，德霖在剧中饰演大皇娘。

1月16日，公府筵宴日场：

倒四刘鸿升、陈德霖、龚云甫、王蕙芳、姜妙香、王长林、张文斌、李顺亭、姚玉芙《四郎探母》，杨小楼、梅兰芳、尚小云、李顺亭、钱金福、郝寿臣《长坂坡》，郭宝臣、崔灵芝《汾河湾》，大轴余叔岩、王瑶卿、王长林、《庆顶珠》。

2月6日，怀仁堂茶会演出剧目：

朱桂芳、王长林《打瓜园》，王琴侬《彩楼配》，王瑶卿、程继先、王蕙芳《能仁寺》，王凤卿、陈德霖、刘鸿升《二进宫》，余叔岩、王蕙芳《庆顶珠》，梅兰芳、姜妙香、姚玉芙《游园惊梦》。

2月11日，总统府堂会：

大轴余叔岩、梅兰芳、陈德霖、钱金福、王长林、姜妙香《珠帘寨》。

2月15日，江西会馆朱宅堂会日夜两场连演：

夜场：程连喜《雅观楼》，富竹友《樊江关》，尚俊卿《钓金龟》，杜云峰《八大锤》，程艳秋、李桂芬《武家坡》，尚小云、高庆奎、李连贞《四郎探母》，红豆馆主、陈德霖《奇双会》，梅兰芳、姜妙香、姚玉芙《千金一笑》。

3月5日，在新明戏院陈德霖为弟子梅兰芳配演新排之应节戏《上元夫人》。

3月13日，双庆社吉祥园日场：

程继先《雅观楼》，高庆奎、裘桂仙《上天台》，俞振庭《虮蜡庙》，白牡丹、程继先《马上缘》，王凤卿、李连仲《捉放曹》，大轴梅兰芳、陈德霖、姜妙香《金山寺》。

4月17日，那家花园冯耿光宅堂会，陈德霖、王凤卿、姜妙香、程继先《打金枝》，在吉祥园又与梅兰芳等合演《麻姑献寿》。

5月26日，那家花园冯耿光宅堂会：

压轴梅兰芳、陈德霖、姚玉芙《麻姑献寿》，大轴杨小楼、余叔岩、梅兰芳、俞振庭、王凤卿、王长林、尚小云、高庆奎、程艳秋、钱金福《虮蜡庙》。

5月30日，陈德霖、姜妙香等人赴安徽蚌埠，参加倪嗣冲夫妇五十双庆堂会。戏目：

诸茹香、慈瑞泉《打樱桃》，钱金福、冯蕙林《取洛阳》，姜妙香、张如庭《镇潭州》，王长林《五人义》，陈德霖、冯蕙林《彩楼配》，郝寿臣《丁甲山》，阎岚秋、许德义《取金陵》，王瑶卿、程继先、裘桂仙、李连仲《穆柯寨》，刘鸿升、田桂凤《乌龙院》，龚云甫《长寿星》，王凤卿、姜妙香《举鼎观画》，孙菊仙《雍凉关》，压轴梅兰芳、陈德霖《麻姑献寿》，大轴杨小楼、郝寿臣、王瑶卿、王长林、钱金福《长坂坡》。

6月30日，裕群社三庆园日场：

大轴梅兰芳、陈德霖《麻姑献寿》。

7月22日，梁众异宅堂会戏目：

压轴陈德霖、姚玉芙、罗福山《二度梅》，大轴杨小楼、梅兰芳、王凤卿、钱金福、程继先、高庆奎《回荆州》。

7月25日，孙宅堂会戏目：

倒四梅兰芳、陈德霖、龚云甫、姜妙香、姚玉芙、李顺亭、麻穆子六本《雁门关》，萧长华、曹二庚《瞎子逛灯》，刘鸿升、梅荣斋《上天台》，大轴梅兰芳、陈德霖、姚玉芙《麻姑献寿》。

8月9日，聚寿堂周骏宅堂会戏目：

倒四陈德霖、龚云甫《孝义节》，刘鸿升《上天台》，梅兰芳、高庆奎、姚玉芙《天女散花》，大轴杨小楼、钱金福《挑华车》。

9月1日，刘宅堂会演出戏目：

倒三余叔岩、陈德霖《南天门》，压轴梅兰芳、王凤卿、姜妙香、姚玉芙、郭春山、李寿峰、曹二庚《狮吼记》，大轴杨小楼、钱金福、李顺亭、王长林、迟月亭、范宝亭、慈瑞泉、鲍吉祥《骆马湖》。

10月2日，江西会馆演出戏目：

倒三刘鸿升、陈德霖、龚云甫、吴彩霞《四郎探母》，压轴梅兰芳、李寿山、姚玉芙《天女散花》，大轴杨小楼、王长林、李连仲《连环套》。

10月3日江西会馆演出戏目：

倒四陈德霖、龚云甫《孝义节》，杨小楼、余叔岩、钱金福《八蜡庙》，王凤卿、李顺亭《取成都》，大轴梅兰芳、余叔岩《庆顶珠》。

10月19日，裕群社吉祥园夜戏：

压轴王凤卿、陈德霖、裘桂仙《二进宫》，大轴梅兰芳、余叔岩《梅龙镇》。

10月23日，赈济山东水灾第一舞台义务戏夜戏：

倒五陈德霖、龚云甫《孝义节》，余叔岩、裘桂仙《打鼓骂曹》，老乡亲《逍遥津》，压轴梅兰芳、姜妙香、王凤卿《玉堂春》，大轴杨小楼、钱金福、许德义《恶虎村》。

10月24日，第一舞台义务戏第二天：

第四出余叔岩《阳平关》、王瑶卿、贾璧云、陈德霖、龚云甫、王蕙芳、程艳秋《雁门关》，刘鸿升、吴彩霞《朱砂痣》，老乡亲《失街亭》，梅兰芳、王凤卿《武家坡》，杨小楼、钱金福、迟月亭、郭春山《水帘洞》。

10月27日，祝寿堂会戏目：

压轴余叔岩、陈德霖《南天门》，大轴梅兰芳、姜妙香、李敬山《贵妃醉酒》。

10月29日，堂会戏目：

倒五余叔岩、陈德霖《桑园寄子》，孙菊仙《舌辩侯》，梅兰芳、王凤卿、姜妙香、姚玉芙《木兰从军》，压轴余叔岩、杨小楼、刘鸿升、钱金福《阳平关》，大轴梅兰芳、陈德霖、姚玉芙《麻姑献寿》。

11月20日，曹宅堂会戏目：

倒三王凤卿、陈德霖《武昭关》，梅兰芳、余叔岩《汾河湾》，大轴梅兰芳、姜妙香《游园惊梦》。

11月24日，堂会日场戏目：

压轴梅兰芳、姜妙香、陈德霖、李寿山《风筝误》，大轴杨小楼、钱金福、王长林《连环套》。

堂会夜场剧目：

大轴梅兰芳、陈德霖、姜妙香、姚玉芙《麻姑献寿》。

12月9日，堂会戏夜场戏目：

倒五裘桂仙、王凤卿、陈德霖《大保国》，倒四梅兰芳、余叔岩《戏凤》，刘鸿升《探阴山》，杨小楼、余叔岩、王凤卿、许德义《八蜡庙》，大轴梅兰芳、高庆奎、姚玉芙、姜妙香《天女散花》。

12月26日，江西会馆堂会戏日夜连演：

倒四尚小云、言菊朋、陈德霖、姜妙香、松介眉《四郎探母》，王凤卿、王琴侬、贾福棠《二进宫》，红豆馆主、钱金福、王长林、慈瑞泉《问樵闹府》、《打棍出箱》，大轴梅兰芳、余叔岩《游龙戏凤》。

1919年（民国八年）58岁

1月23日新明戏院建成，喜群社应邀演出戏目：

压轴王凤卿、陈德霖、李寿山《宝莲灯》，大轴梅兰芳、张彩林、李敬山《贵妃醉酒》。

2月7日，堂会演出戏目：

倒三王凤卿、陈德霖《芦花河》，余叔岩《兴汉图》，大轴梅兰芳、姜妙香、姚玉芙《游园惊梦》。

3月11日，第一舞台义务戏第二天夜戏：

倒三老乡亲、龚云甫、陈德霖《朱砂痣》，压轴梅兰芳、余叔岩《打渔杀家》，大轴杨小楼、王瑶卿、钱金福、李连仲《长坂坡》。

4 月 1 日，什锦花园关宅堂会戏目：

王琴侬《孝义节》，陈德霖《祭塔》，梅兰芳、王凤卿《汾河湾》，红豆馆主、陈德霖、姜妙香、李寿峰《奇双会》，杨小楼、钱金福、王长林、许德义《恶虎村》，大轴梅兰芳、余叔岩《游龙戏凤》。

4 月 3 日，织云公所梅兰芳祖母陈氏八旬寿日堂会，梅兰芳、陈德霖首演开场戏《麻姑献寿》，梅兰芳、王蕙芳、姜妙香反串《打面缸》，大轴余叔岩、梅兰芳、王凤卿、姜妙香等反串《艳阳楼》。

6 月 26 日，李宅堂会演出戏目：

第五出王凤卿、陈德霖、裘桂仙《二进宫》，余叔岩、程继先《八大锤》，压轴梅兰芳、姜妙香、姚玉芙《游园惊梦》，大轴杨小楼、梅兰芳、钱金福、李连仲、谭小培《长坂坡》。

7 月 30 日，冯宅堂会演出戏目：

倒四陈德霖、王凤卿《骂殿》，梅兰芳《出塞》，红豆馆主《单刀会》，大轴梅兰芳、王凤卿、姜妙香、刘凤林、罗文奎、刘景然《御碑亭》。

8 月 8 日朱老太太七秩晋四，朱宅庆寿堂会日夜连演：

倒三王凤卿、陈德霖、李连仲《宝莲灯》，余叔岩、王瑶卿、钱金福、慈瑞泉、李瑞亭、赵芝香《珠帘寨》，大轴梅兰芳、陈德霖、姜妙香、李寿山、罗福山、郭春山、曹二庚《风筝误》。

8 月 13 日，江西会馆堂会演出剧目：

大轴陈德霖、姜妙香、王琴侬、诸茹香《四面观音》。

8 月 18 日金鱼胡同那宅怡园堂会演出剧目：

第七出王凤卿、陈德霖《武昭关》，梅兰芳、姜妙香《琴挑》，杨小楼、钱金福《连环套》，王又宸《琼林宴》，陈德霖、姜妙香、王琴侬《戏目连》（即《四面观音》）。

9 月 12 日，喜群社班主姚佩兰、王毓楼邀集名家荟萃一堂，在新明戏院贴演全部八本《雁门关》，分 8 天演完。梅兰芳饰青莲公主，陈德霖饰萧太后，龚云甫饰佘太君，王凤卿饰杨四郎，朱素云饰杨八郎，姚玉芙饰碧莲公主，钱金福饰韩昌，裘桂仙饰孟良，麻穆子饰焦赞，姜妙香饰杨宗保。

9 月 28 日，喜群社新明大戏院夜戏：

压轴余叔岩、陈德霖、王长林《南天门》，大轴梅兰芳、王凤卿、姜妙香、李寿山、裘桂仙、郭春山《穆柯寨 · 穆天王》。

9 月 29 日，第一舞台义务戏头天夜戏：

倒四陈德霖《四面观音》，老十三旦《辛安驿》，老乡亲（孙菊仙）《舌辩侯》，大轴梅兰芳、姜妙香《黛玉葬花》。

9 月 30 日，第一舞台义务戏第二天：

第五出陈德霖《彩楼配》，林颦卿《打花鼓》，王又宸、王长林《天雷报》，老十三旦、余叔岩《八大锤》，老乡亲《逍遥津》，大轴梅兰芳、姜妙香《游园惊梦》。

10 月 29 日，江西会馆陈宅堂会演出戏目：

倒三陈德霖、王凤卿《骂殿》，余叔岩、钱金福《定军山》，大轴梅兰芳、姚玉芙、姜妙香、李敬山《天女散花》。

10 月 31 日，会贤堂堂会演出戏目：

倒四陈德霖、俞振庭、姜妙香、许德义、朱桂芳《混元盒》，余叔岩、王长林《胭脂褶》，红豆馆主《盗宗卷》，大轴梅兰芳、余叔岩《游龙戏凤》。

11 月 1 日，第一舞台义务夜戏头天：

倒四陈德霖、王凤卿、裘桂仙《二进宫》，梅兰芳、姜妙香、李敬山《醉酒》，孙菊仙《雍凉关》，大轴老十三旦《花田错》。

11 月 2 日，第一舞台义务夜戏第二天：

第四出陈德霖《孝义节》，王凤卿《华容道》，余叔岩《盗宗卷》，孙菊仙《渑池会》，老十三旦《伐子都》，大轴梅兰芳、姚玉芙、姜妙香《天女散花》。

11 月 9 日，喜群社新明大戏院义务戏夜戏：

倒三余叔岩《碰碑》，压轴陈德霖、王凤卿、裘桂仙《二进宫》，大轴梅兰芳、姜妙香《游园惊梦》。

11 月 19 日，织云公所赵宅堂会演出戏目：

夜场倒三陈德霖、王凤卿《骂殿》，压轴孙菊仙、胡素仙《朱砂痣》，大轴余叔岩、陈德霖、王瑶卿、钱金福、李顺亭、王长林《珠帘寨》。

11 月底余叔岩、陈德霖、王长林、李顺亭一起到汉口大舞台演出。喜群社在汉口演出的部分记载如下：

12 月 22 日，戏目：

压轴余叔岩、王蕙芳、龚云甫、陈德霖、姜妙香《四郎探母》。

12 月 23 日，戏目：

压轴余叔岩、王长林《天雷报》，大轴梅兰芳、陈德霖《麻姑献寿》。

12 月 24 日，戏目：

倒三余叔岩《盗宗卷》，陈德霖《彩楼配》，大轴梅兰芳、朱素云、姜妙香《奇双会》。

12 月 25 日，戏目：

压轴余叔岩、福小田《打严嵩》，大轴梅兰芳、余叔岩、陈德霖、龚云甫、朱素云、姜妙香头本《雁门关》。

12 月 26 日，戏目：

压轴余叔岩、姜妙香《胭脂虎》，大轴梅兰芳等二本《雁门关》。

12 月 27 日，戏目：

压轴余叔岩《捉放曹》，大轴梅兰芳等三本《雁门关》。

12 月 28 日，戏目：

压轴余叔岩、钱金福、王长林《定军山》，大轴梅兰芳等四、五本《雁门关》。

12 月 29 日，戏目：

压轴余叔岩《南阳关》，大轴梅兰芳等六、七本《雁门关》。

12 月 30 日，戏目：

压轴余叔岩《奇冤报》，大轴梅兰芳等八本《雁门关》。

12月31日，戏目：

压轴余叔岩、陈德霖《审头刺汤》，大轴梅兰芳、姜妙香、姚玉芙《黛玉葬花》。

同去李顺亭在火车上突然发病逝世。

年内去天津演出，在入室弟子王琴侬倡议下，德霖与侯俊山（老十三旦）、曹心泉结为金兰之好，并在北京天福堂饭庄宴请梨园同行以纪念。在长期同台演出中，三人建立了深厚的友谊，经常在一起切磋演技。

1920年（民国九年）59岁

1月1日，喜群社汉口合记舞台夜戏：

压轴余叔岩、陈德霖《走雪山》，大轴梅兰芳、姜妙香、姚玉芙、张春彦、曹二庚、罗文奎《牢狱鸳鸯》。

2月6日，喜群社从南通返京新明大戏院头天夜戏：

压轴荣蝶仙、程连喜《马上缘》，大轴梅兰芳、王凤卿、陈德霖、龚云甫、姜妙香《探母回令》。

2月8日，江西会馆杨穆生宅堂会戏目：

倒五陈德霖《二度梅》，余叔岩、尚小云、萧长华《审头刺汤》，王凤卿《取成都》，压轴杨小楼、钱金福《挑华车》，大轴梅兰芳、姜妙香、姚玉芙《嫦娥奔月》。

2月9日，安徽会馆堂会戏目：

倒四陈德霖《宇宙锋》，余叔岩、钱金福、王长林《定军山》，压轴梅兰芳、李敬山《女起解》，大轴杨小楼、许德义《艳阳楼》。

2月13日，第一舞台义务戏夜戏：

倒五陈德霖、龚云甫《孝义节》，杨小楼、余叔岩、郝寿臣、钱金福、迟月亭《阳平关》，刘鸿升、李敬山、赵芝香《普天乐》，压轴梅兰芳、李寿山、姚玉芙、李敬山《天女散花》，大轴俞振庭、九阵风、徐碧云、俞赞庭、范宝亭《青石洞》。

2月26日，梁燕孙宅堂会戏目：

倒三余叔岩、陈德霖《南天门》，压轴杨小楼、王长林、钱金福《连环套》，大轴梅兰芳、王凤卿、姜妙香、姚玉芙《狮吼记》。

2月28日，怀仁堂茶宴日场：

倒四陈德霖《出塞》，龚云甫《钓金龟》，压轴杨小楼、梅兰芳、余叔岩、程继先、高庆奎、钱金福《甘露寺·美人计·回荆州》，大轴王凤卿、李连仲《华容道》。

3月4日，沈吉甫堂会戏目：

梅兰芳、余叔岩、慈瑞泉《审头刺汤》，王凤卿、陈德霖《芦花河》，压轴梅兰芳、姜妙香、姚玉芙《金雀记》，大轴杨小楼、余叔岩、刘鸿升《阳平关》。

3月5日，喜群社新明大戏院夜戏：

大轴梅兰芳首次演《上元夫人》。梅兰芳饰上元夫人，陈德霖饰西王母，王凤卿饰汉武帝，程艳秋饰许飞琼，姜妙香饰东方朔，程连喜饰仙童，荣蝶仙饰郭密香，朱桂芳饰阮凌华，赵芝香饰段安香，刘凤林饰王子登。

6月12日，天津王祝三宅堂会头天：

倒五杨小楼、余叔岩《八大锤》，小杨月楼、孙菊仙《朱砂痣》，梅兰芳、余叔岩《梅龙镇》，杨小楼、王凤卿、程继先《黄鹤楼》，大轴梅兰芳、陈德霖《麻姑献寿》。

6月13日，王祝三宅堂会第二天：

倒四梅兰芳、陈德霖、王凤卿、姜妙香、姚玉芙、罗福山《探母回令》，倒三余叔岩、陈德霖《南天门》，杨小楼、钱金福《挑华车》，大轴杨小楼、梅兰芳、余叔岩、王凤卿《八蜡庙》。

6月22日，江西会馆饶宅堂会戏目：

倒四王凤卿、陈德霖、裘桂仙《二进宫》，梅兰芳、姜妙香《虹霓关》，杨小楼、钱金福、许德义《车轮战》，杨小楼、余叔岩《断臂说书》，大轴梅兰芳、余叔岩、王长林《庆顶珠》。

7月，赴南京唱堂会戏（苏齐督为其封翁庆寿）。戏毕，由蕙芳、小云陪同赴上海一游。

8 月 17 日，冯宅堂会演出戏目：

倒三陈德霖《刺虎》，王凤卿《让成都》，大轴梅兰芳、姜妙香《宇宙锋》（修本、金殿两折）。

9 月 15 日，塔王府堂会戏目：

第三出陈德霖、龚云甫《孝义节》，刘鸿升《斩黄袍》，杨小楼、尚小云、钱金福、李连仲、迟月亭《长坂坡》，余叔岩、王瑶卿、钱金福、姜妙香、王长林、鲍吉祥《珠帘寨》，大轴梅兰芳、王凤卿、姜妙香头二本《木兰从军》。

9 月 23 日，喜群社新明大戏院夜戏：

倒三梅兰芳、王蕙芳、姜妙香、慈瑞泉二本《虹霓关》，陈德霖、龚云甫《孝义节》，大轴梅兰芳、姜妙香、程艳秋、姚玉芙《天河配》。

10 月 31 日，织云公所吴震修宅堂会戏目（日夜连续）：

倒三陈德霖《宇宙锋》，侯俊山、崔灵芝、孙佩亭《凤仪亭》，大轴梅兰芳、姜妙香、徐兰生、李寿山《玉簪记》。

10 月 31 日，藏园家宴戏目：

第七出陈德霖《宇宙锋》，林钧甫、世哲生《娘子军》，梅兰芳、姚玉芙、李寿山《春香闹学》，恩禹之、徐燕平、诸茹香《审头刺汤》，大轴红豆馆主、杨小楼、王蕙芳、钱金福《大战宛城》。

11 月 15 日，张宅堂会戏目：

第四出陈德霖、王凤卿《宝莲灯》，裘桂仙《牧虎关》，老乡亲《鱼藏剑》，刘鸿升《逍遥津》，杨小楼、迟月亭《挑华车》，大轴梅兰芳《宇宙锋》。

11 月 16 日，张宅堂会戏目：

第二出陈德霖、谭小培、裘桂仙《二进宫》，王凤卿《取成都》，梅兰芳、姚玉芙《麻姑献寿》，老乡亲《教子》，刘鸿升、龚云甫《断后龙袍》，杨小楼、尚小云、王凤卿、钱金福《长坂坡 · 汉津口》，大轴梅兰芳、姜妙香、姚玉芙《金雀记》。

12月5日，喜群社吉祥园日场：

压轴陈德霖、王凤卿《骂殿》，大轴梅兰芳《辕门射戟》。

12月27日，堂会戏目：

压轴梅兰芳、王凤卿《汾河湾》，大轴梅兰芳、陈德霖、姜妙香、程艳秋《上元夫人》。

本年一次演出：金少梅《醉酒》，陈德霖《宇宙锋》，梅兰芳《思凡》，福芝芳《战蒲关》，梅兰芳、王凤卿《武家坡》。

1921年（民国十年）60岁

1月8日，第一舞台义务戏夜戏：

倒三刘鸿升、陈德霖、龚云甫《金水桥》，梅兰芳、俞振庭《嫦娥奔月》，大轴杨小楼、郝寿臣《连环套》。

1月9日，第一舞台义务戏夜戏：

倒四陈德霖、龚云甫《孝义节》，杨小楼、王凤卿、刘鸿升《阳平关》，王又宸、王琴侬、裘桂仙《二进宫》，大轴杨小楼、梅兰芳、姜妙香、姚玉芙、朱桂芳《金山寺》。

1月30日，齐耀琳宅堂会戏目：

大轴梅兰芳、王凤卿、陈德霖、龚云甫、姜妙香《探母回令》。

2月初，杨小楼、梅兰芳合组崇林社，刘砚芳、姚玉芙任经理。陈德霖也应邀加入该社演出。

2月2日，第一舞台义务戏夜戏：

倒三王又宸、陈德霖《战蒲关》，刘鸿升、龚云甫《断太后》，大轴杨小楼、梅兰芳、余叔岩、刘鸿升、尚小云、龚云甫、郝寿臣、王瑶卿、王蕙芳反串《虮蜡庙》。

2月16日，史宅堂会戏目：

倒五陈德霖《宇宙锋》，梅兰芳、王蕙芳《樊江关》，王凤卿、陈德霖与票友合演《探母回令》，王又宸、尚小云《庆顶珠》，大轴梅兰芳、王凤卿、姜妙香《御碑亭》。

3月20日，崇林社吉祥茶园日场：

倒三王凤卿、陈德霖、裘桂仙《二进宫》，杨小楼、许德义《武文华》，大轴梅兰芳、姜妙香、姚玉芙《千金一笑》。

4 月 14 日，开滦矿务局宴会戏目：

倒四陈德霖、裘桂仙、王又宸《二进宫》，余叔岩、侯喜瑞、王长林、麻穆子、慈瑞泉、萧长华《打棍出箱》，杨小楼、王瑶卿、王凤卿、钱金福、李连仲《长坂坡》，大轴梅兰芳、姚玉芙、姜妙香《天女散花》。

4 月 22 日，堂会演出戏目：

倒三余叔岩《击鼓骂曹》，压轴杨小楼《八大锤》，大轴梅兰芳、陈德霖、姚玉芙《麻姑献寿》。

5 月 8 日，崇林社文明园日场：

大轴梅兰芳、陈德霖、杨小楼、王凤卿、姜妙香《探母回令》。

5 月 12 日，天津王君直宅堂会日夜连演戏目：

压轴王君直、裘桂仙《骂曹》，大轴梅兰芳、陈德霖、姚玉芙《麻姑献寿》。

5 月 15 日，那家花园堂会戏目：

第二出陈德霖、裘桂仙、谭小培《二进宫》，余叔岩、侯喜瑞《定军山》，梅兰芳、姜妙香《奇双会》，王凤卿《战成都》，杨小楼、钱金福、李寿山《长坂坡》，大轴梅兰芳、余叔岩《武家坡》。

5 月 16 日，京师商界公演戏目：

朱桂芳、王长林《打瓜园》，倒三陈德霖、龚云甫《孝义节》，梅兰芳、余叔岩《打渔杀家》，大轴杨小楼、钱金福《挑华车》。

5 月 26 日，堂会戏目：

第二出王凤卿、陈德霖《雁门关》，倒四梅兰芳《思凡》，余叔岩、王荣山、王瑶卿、姜妙香《珠帘寨》，压轴杨小楼、钱金福《状元印》，大轴梅兰芳、余叔岩、慈瑞泉《审头刺汤》。

6 月 9 日，崇林社文明园日场：

大轴杨小楼、梅兰芳、王凤卿、陈德霖、钱金福、李寿山、姚玉芙、姜妙香头本《混元盒》。

6月10日，崇林社文明园日场：

许德义《金沙滩》，梅兰芳、王凤卿《桑园会》，大轴杨小楼、梅兰芳、王凤卿、陈德霖、钱金福、李寿山、姚玉芙、姜妙香二本《混元盒》。

6月11日，崇林社文明园日场：

大轴杨小楼、梅兰芳等三本《混元盒》。

6月12日崇林社文明园日场：

大轴杨小楼、梅兰芳等四本《混元盒》。

6月16日，崇林社文明园日场：

大轴杨小楼、梅兰芳等五本《混元盒》。

6月17日，崇林社文明园日场：

大轴杨小楼、梅兰芳等六本《混元盒》。

6月18日，崇林社文明园日场：

大轴杨小楼、梅兰芳等七本《混元盒》。

6月19日，崇林社文明园日场：

大轴杨小楼、梅兰芳等八本《雁门关》。

8月7日，冯宅堂会戏目：

倒四陈德霖《宇宙锋》，王凤卿、郝寿臣《天水关》，红豆馆主《八大锤》，大轴梅兰芳、王凤卿《武家坡》。

8月30日，堂会戏目：

倒三梅兰芳、余叔岩《庆顶珠》，杨小楼、钱金福、王长林《连环套》，大轴梅兰芳、陈德霖《麻姑献寿》。

9月18日，三庆园：

大轴余叔岩、尚小云、陈德霖《四郎探母》。

9月22日，那家花园陆军部晚宴戏目：

倒四陈德霖、王瑶卿、龚云甫、钱金福、朱素云、姜妙香《南北和》，梅兰芳、姚玉芙、李寿山《春香闹学》，压轴杨小楼、许德义、迟月亭、刘砚亭《八大锤》，大轴余叔岩、杨小楼、钱金福、罗寿山《断臂说书》。

10月2日，那宅堂会戏目：

大轴梅兰芳、余叔岩、陈德霖、龚云甫、姜妙香《探母回令》。

10月5日（农历九月初五日），陈德霖六十整寿，由众弟子在同兴堂欢聚祝寿。

10月9日，崇林社文明园日场：

大轴梅兰芳、陈德霖、姜妙香《风筝误》。

10月20日，藏园家宴戏目：

倒四陈德霖《落花园》，梅兰芳、谭小培《梅龙镇》，杨小楼、钱金福《麒麟阁》，梅兰芳、姜妙香《嫦娥奔月》。

12月5日，堂会戏目：

陈德霖《孝义节》，龚云甫《钓金龟》，王凤卿、裘桂仙《双投唐》，余叔岩《打棍出箱》，杨小楼、侯喜瑞《连环套》，大轴梅兰芳、朱素云、姜妙香、张春彦《奇双会》。

12月21日，方毓庆堂会戏目（日夜连演）：

倒五陈德霖、姜妙香、王琴侬、诸茹香、王丽卿、曹二庚《劝善金科》，余叔岩、王长林《盗宗卷》，压轴杨小楼、钱金福、傅小山《连环套》，大轴梅兰芳、王凤卿、陈德霖、龚云甫、姜妙香、慈瑞泉、王丽卿、李鸣玉《探母回令》。

1922年（民国十一年）61岁

1月5日，朱宅堂会戏目：

倒三陈德霖《宇宙锋》，红豆馆主《前后亲》，大轴梅兰芳、姜妙香、姚玉芙《金雀记》。

1月20日，齐宅庆寿堂会戏目：

倒五陈德霖与票友合演《武家坡》，王凤卿、裘桂仙《断密涧》。

1月为救济梨园贫苦同仁，陈德霖义演《彩楼配》。

2月5日，吴航林氏家宴堂会戏目：

倒三恩禹之、陈德霖、王长林《一捧雪》，红豆馆主、田桐秋、罗福山《乌龙院》，大轴梅兰芳、余叔岩《庆顶珠》。

2月6日，织云公所瑞蚨祥布行谢客堂会戏目：

压轴尚小云、王又宸、陈德霖、龚云甫《探母回令》，大轴梅兰芳、杨小楼首次贴演新戏《霸王别姬》。

3月，三庆园双庆社夜戏，陈德霖与余叔岩合演《桑园寄子》。

7月，崇林社从上海回京，梅兰芳自组承华社，旦角有梅兰芳、陈德霖、姚玉芙、诸茹香、王丽卿；老生有王凤卿、刘景然、张春彦、扎金奎、李春林；小生有朱素云、姜妙香、韩金福；武旦朱桂芳、陶玉芝；老旦有龚云甫、张菊舫；花脸有郝寿臣、福小田、何佩亭、沈三玉；小花脸有郭春山、萧长华、慈瑞泉、罗文奎、曹二庚；武生有朱湘泉、朱玉康。在新建的真光剧场演出。

9月3日，朱宅堂会戏目：

倒四余叔岩、钱金福、鲍吉祥、慈瑞泉《定军山》，王蕙芳、姜妙香《得意缘》，陈德霖、萧长华、刘景然《审头刺汤》，大轴余叔岩、梅兰芳《游龙戏凤》。

9月9日，承华社真光剧场：

大轴梅兰芳、陈德霖、姜妙香《风筝误》。

9月10日，承华社真光剧场夜戏：

大轴梅兰芳、陈德霖《麻姑献寿》。

9月14日，金鱼胡同怡园堂会戏目：

第二出陈德霖《五花洞》，阎岚秋《扈家庄》，王凤卿《战宛城》，梅兰芳、姚玉芙、姜妙香、李寿山《觅花、庵会、乔醋、醉园》，大轴杨小楼、钱金福《恶虎村》。

10月10日，开明戏院双庆社演出，陈德霖为余叔岩配演《探母》，饰太后。

12月2日至4日，清溥仪大婚，一切礼仪仍从旧制，由总管太监武长寿和萧长华先生主办，在长春宫演3天戏。陈德霖在第一天演《彩楼配》，梅兰芳、杨小楼、钱金福等著名京剧演员都参加了演出。

12月17日，天津南善堂筹款义务戏头天夜戏：

压轴陈德霖、王凤卿、裘桂仙《二进宫》，大轴杨小楼、王瑶卿、王凤卿、侯喜瑞、钱金福《长坂坡·汉津口》。

12 月 18 日，天津南善堂筹款义务戏第二天戏目：

倒二陈德霖、王凤卿《武家坡》，大轴杨小楼、梅兰芳、余叔岩、王凤卿、侯喜瑞《八蜡庙》。

12 月 19 日，天津南善堂筹款义务戏第三天戏目：

第三出龚云甫、陈德霖、王瑶卿、王凤卿、姜妙香、王蕙芳、朱桂芳、姚玉芙《雁门关》，余叔岩、王长林、侯喜瑞《打棍出箱》，大轴杨小楼、梅兰芳、王凤卿、姜妙香《霸王别姬》。

1923 年（民国十二年）62 岁

1 月 7 日，第一舞台救济贫苦同业义务戏头天夜戏：

倒三龚云甫、陈德霖《孝义节》，梅兰芳、姜妙香、姚玉芙、王斌芬、郭春山《游园惊梦》，大轴杨小楼、王瑶卿、谭小培、郝寿臣、钱金福《长坂坡》。

1 月 8 日，第一舞台救济贫苦同业义务夜戏第二天戏目：

倒三陈德霖、王瑶卿、王凤卿、龚云甫、朱素云《雁门关》，压轴梅兰芳、姜妙香、姚玉芙《千金一笑》，大轴杨小楼、郝寿臣、傅小山《连环套》。

1 月 14 日，承华社真光剧场夜戏：

压轴王凤卿、陈德霖《女斩子》，大轴梅兰芳、姜妙香《玉簪记》。

1 月 27 日，承华社真光剧场夜戏：

压轴陈德霖、王凤卿《骂殿》，大轴梅兰芳、姚玉芙、姜妙香《天女散花》。

2 月 11 日，第一舞台义务夜戏：

倒三余叔岩《盗宗卷》，压轴王又宸、陈德霖、龚云甫《探母回令》，大轴杨小楼、梅兰芳、王凤卿、姜妙香《霸王别姬》。

2 月 23 日，黎元洪总统府春节堂会戏目（头天）：

第二出陈德霖、龚云甫《孝义节》，琴雪芳《黛玉葬花》，陈德霖、王瑶卿、王凤卿、尚小云、龚云甫、朱素云、姜妙香《南北和》，金少梅《女起解》，梅兰芳、姜妙香《玉堂春》，苏兰芳、李桂芬、王金奎《大保国》，余叔岩、杨小楼、钱金福《八大锤》。

2月25日，黎元洪总统府春节堂会（第三天）：

倒第三余叔岩、陈德霖、王又宸、梅兰芳、龚云甫、程继先《四郎探母》，程艳秋、小翠花《樊江关》，俞振庭《青石山》。

3月1日，承华社开明戏院夜戏：

大轴梅兰芳、陈德霖、王凤卿、姜妙香、朱桂芳《上元夫人》。

4月10日，第一舞台筹办教养乞丐工场义演头天夜戏：

倒四王又宸、陈德霖《南天门》，倒三龚云甫《徐母骂曹》，压轴梅兰芳、姜妙香、李寿山《奇双会》，大轴杨小楼、钱金福、许德义《安天会》。

4月11日，第一舞台筹办教养乞丐工场义演第二天夜戏：

压轴陈德霖、龚云甫、朱素云《雁门关》，大轴梅兰芳、杨小楼、王凤卿、姜妙香《霸王别姬》。

4月22日，安亲王府喜事堂会戏目：

倒三陈德霖、王凤卿《宝莲灯》，杨小楼、钱金福《状元印》，梅兰芳、姚玉芙、姜妙香《天女散花》。

4月26日，程艳秋和果素瑛在前门外同兴堂举行结婚典礼，姜妙香、陈德霖等参加。

5月7日，第一舞台义务戏夜戏：

压轴陈德霖《落花园》，大轴杨小楼、梅兰芳、谭小培《长坂坡》。

5月8日，开明戏院筹备浙江春赈义务戏夜戏：

压轴王又宸、尚小云、陈德霖、龚云甫、德珺如《探母回令》，大轴梅兰芳、杨小楼、王凤卿、姜妙香《霸王别姬》。

5月25日，承华社真光剧场夜戏：

压轴王凤卿、陈德霖《女斩子》，大轴梅兰芳、程继先、姜妙香、张春彦全部《奇双会》。

6月2日，第一舞台鄂灾急赈义务戏头天夜戏：

第三出陈德霖、龚云甫六本《雁门关》，程艳秋《花舫缘》，梅兰芳、余叔岩《游龙戏凤》，大轴杨小楼、梅兰芳、王凤卿、许德义《八蜡庙》。

6月3日，第一舞台鄂灾急赈义务戏第二天夜戏：

倒三王凤卿、程艳秋、陈德霖、姜妙香《探母回令》，梅兰芳、王少亭、姜妙香、刘连荣《红线盗盒》，大轴杨小楼、余叔岩《八大锤》。

9月15日，杨宅堂会：

尚和玉《四平山》，陈德霖、刘景然《三击掌》，小翠花、贯大元《坐楼杀惜》，龚云甫《行路训子》，言菊朋、钱金福《定军山》，梅兰芳、姜妙香、姚玉芙《黛玉葬花》。

本年堂会（戏单未注明日期）：

前10出戏是富连成社学生演出，裘桂仙《御果园》，陈少霖《进蛮诗》，王凤卿、王琴侬《武家坡》，龚云甫《徐母骂曹》，陈德霖《孝义节》，梅兰芳、姜妙香《醉酒》，余叔岩、王长林、诸茹香、朱素云、钱金福、鲍吉祥《珠帘寨》，梅兰芳、余叔岩、姜妙香《御碑亭》。

10月10日，旧刑部街奉天会馆钱宅堂会：

压轴余叔岩、陈德霖《走雪山》，大轴梅兰芳、李春林、范宝亭《红线盗盒》。

年内德霖与余叔岩赴天津演出，主要剧目有《南天门》、《祭江》、《孝义节》、《彩楼配》等。

1924年（民国十三年）63岁

1月27日，堂会戏目：

王凤卿、陈德霖、姜妙香、吴彩霞、罗福山《探母回令》，梅兰芳、萧长华、姜妙香《廉锦枫》。

1月28日，齐宅堂会戏戏目：

倒第三王凤卿、陈德霖《骂殿》，压轴杨小楼、钱金福《挑华车》，梅兰芳、萧长华、姜妙香《廉锦枫》。

1月31日，承华社由沪返京头天营业戏：

压轴王凤卿、陈德霖、郝寿臣《宝莲灯》，大轴梅兰芳、姜妙香、张春彦《玉堂春》。

3月13日—18日，赴东北沈阳参加张作霖五十寿宴演出。

3月13日，第七出陈德霖《落花园》。

3月14日，倒第四王又宸、程艳秋、陈德霖、龚云甫《探母回令》，尚小云、谭小培《桑园会》，压轴余叔岩、王凤卿、陈德霖《战蒲关》，大轴杨小楼、钱金福《钱笼山》。

5月24日，第一舞台贫民教养院筹款义演头天戏目：

倒第四王又宸、尚小云、陈德霖、龚云甫、王长林、慈瑞泉、金仲仁《探母回令》，程艳秋、郭仲衡、王又荃《玉堂春》，梅兰芳、张春彦、范宝亭、姜妙香《红线盗盒》，杨小楼、余叔岩、钱金福、罗福山、许德义、迟月亭、刘砚亭《八大锤·断臂说书》。

6月22日，第一舞台义务戏：

倒第五龚云甫、陈德霖《母女会》，尚小云、王又宸、朱素云、小翠花《御碑亭》，程艳秋、姜妙香《玉狮坠》，大轴余叔岩、杨小楼、郝寿臣、钱金福《定军山·阳平关·五截山》。

7月17日，北京梨园公会大义务戏夜戏：

第三出陈德霖、王又宸、裘桂仙《二进宫》，程艳秋、王少楼《贺后骂殿》，尚小云、时慧宝、王长林、小翠花、姜妙香《拾玉镯·法门寺》，余叔岩《南阳关》，梅兰芳、杨小楼、王凤卿、姜妙香、萧长华《霸王别姬》。

8月3日，第一舞台顺直水灾急赈义演第二天戏目：

第二出陈德霖《孝义节》，程艳秋《武家坡》，言菊朋《战太平》，压轴余叔岩、尚小云《打渔杀家》，大轴梅兰芳、杨小楼、王凤卿、姜妙香《霸王别姬》。

9月6日，徐宅堂会戏目：

压轴杨小楼、钱金福、九阵风《青石山》，大轴梅兰芳、余叔岩、陈德霖、龚云甫、姜妙香、慈瑞泉、萧长华《探母回令》。

12 月 24 日，忏绮园主人六十寿辰堂会戏目：

大轴梅兰芳、王凤卿、龚云甫、陈德霖、姜妙香、张春彦《探母回令》。

年内张远伯宅堂会，演于那家花园。特邀德霖与刘景然、田桂凤、德珺如、王长林、王福寿合演《御碑亭》。此六人年龄之和在四百岁以上。

1925 年（民国十四年）64 岁

应高亭公司邀请，德霖年内在北京录制六张唱片，《彩楼配》、二本《虹霓关》各两张；《孝义节》、《孝感天》各一张。由孙佐臣操琴，旗鼓相当，水乳交融，当时被誉为绝品。

3 月 5 日，张作霖第二次举办五十寿辰堂会：

言菊朋、郝寿臣《失街亭》，荀慧生《花田错》，程砚秋、郭仲衡《红拂传》，陈德霖、龚云甫、王瑶卿、王凤卿、金仲仁八本《雁门关》，压轴余叔岩《击鼓骂曹》，梅兰芳、杨小楼、王凤卿、姜妙香、萧长华《霸王别姬》。

演出地点在帅府东辕门，除上述记载外，陈德霖还演出了《彩楼记》、《孝感天》、《探母》等。

4 月 25 日，承华社开明戏院夜戏：

大轴梅兰芳、陈德霖、姜妙香、李寿山《风筝误》。

6 月 28 日，怀柳堂堂会戏目：

白牡丹《花田错》，孟小冬、王长林、郝寿臣、裘桂仙《失街亭》，陈德霖《宇宙锋》，王凤卿、尚小云《武家坡》，余叔岩、王长林、钱金福《定军山》，杨小楼、王长林、侯喜瑞《连环套》，梅兰芳、姜妙香、姚玉芙《洛神》。

7 月 4 日，堂会戏目：

压轴程艳秋《孔雀屏》，大轴梅兰芳、余叔岩、陈德霖、龚云甫、姜妙香《探母回令》。

9 月 17 日，吴宅堂会戏目：

慈瑞泉《打城隍》，压轴王凤卿、尚小云、侯喜瑞、慈瑞泉《法门寺》，大轴梅兰芳、余叔岩、陈德霖、龚云甫、姜妙香《探母回令》。

11 月 29 日，承华社开明戏院：

大轴梅兰芳、王凤卿、陈德霖、姜妙香《探母回令》。

12 月 20 日，承华社开明戏院：

大轴梅兰芳、陈德霖、姜妙香、李寿山《风筝误》。

1926 年（民国十五年）65 岁

阴历十月二十四日，经赵汉卿先生介绍名旦黄桂秋拜陈德霖为师，在庆丰堂饭店举行典礼。黄桂秋向老师学了《落花园》《彩楼配》、《孝感天》、《教子》等戏。

年内赴安徽蚌阜为郝雨仓省长唱堂会戏。

年内江西会馆端方夫人六十寿辰堂会戏目：

周瑞安《金钱豹》，九阵风、许德义《竹林记》，陈德霖、龚云甫《孝义节》，梅兰芳、姜妙香《黛玉葬花》，九阵风、王长林加演《小放牛》，大轴余叔岩、陈德霖、裘桂仙《二进宫》。

1927 年（民国十六年）66 岁

4 月 28 日，第一舞台义务戏：

压轴梅兰芳、姚玉芙、姜妙香《天女散花》，大轴杨小楼、梅兰芳、陈德霖、尚小云、程艳秋、小翠花、郝寿臣、侯喜瑞头本《混元盒》。

5 月 19 日至 22 日，许少卿组织协庆社特邀承华社与余叔岩在天津新明大戏院演出。

5 月 19 日，第二出陈德霖《彩楼配》，大轴梅兰芳、余叔岩《打渔杀家》。

5 月 22 日，压轴余叔岩、陈德霖《南天门》，大轴梅兰芳、王凤卿、周瑞安、姜妙香、萧长华《霸王别姬》。

5 月 27 日，为世界红十字会北京分会筹款第一舞台夜戏：

第三出陈德霖、王凤卿、尚小云、姜妙香《探母回令》，大轴杨小楼、余叔岩、钱金福、侯喜瑞、荀慧生《战宛城》。

5月28日，为世界红十字会北京分会筹款第一舞台夜戏（第二天）：

第四出陈德霖、诸茹香《雁门关》，压轴余叔岩、尚小云、王长林、侯喜瑞《打渔杀家》。

6月5日，胜云社在新明戏院演出戏目有陈德霖、刘景然、王长林《审头刺汤》。

6月11日，为海城灾情筹款：

谭富英、马连良、高庆奎、王凤卿、王琴侬、陈德霖、荀慧生、程艳秋、姜妙香、侯喜瑞《王宝钏》，大轴杨小楼、郝寿臣、王长林《连环套》。

6月12日，为海城灾情筹款（第二天）：

头一出陈德霖《探窑》，大轴杨小楼、梅兰芳、尚小云、荀慧生、小翠花《五花洞》。

8月12日至15日，承华社应天津明星戏院之邀演出四天。

8月14日，天津明星大戏院夜戏：

大轴梅兰芳、王凤卿、陈德霖、龚云甫、姜妙香、萧长华、张春彦《探母回令》。其他演出剧目未查史料。

9月24日，为京师女子职业学校筹款，第一舞台义务戏夜戏：

大轴梅兰芳、陈德霖、王凤卿、姜妙香《上元夫人》。

10月15日至16日，陈德霖、罗福山《孝义节》，余叔岩、陈德霖、王长林《南天门》。

11月18日，那园杨宅家庆堂会戏目：

第二出王凤卿、陈德霖《四郎探母》，大轴余叔岩、杨小楼、梅兰芳、钱金福、王长林《摘缨会》。

1928年（民国十七年）67岁

1月7日，承华社中和戏院夜戏：

压轴陈德霖、王凤卿、刘景然《战蒲关》，大轴梅兰芳、龚云甫《六月雪》。

1月8日，承华社中和戏院夜戏：

大轴梅兰芳、王凤卿、龚云甫、陈德霖、姜妙香、张春彦《探母回令》。

1 月 15 日，齐宅堂会戏目：

压轴梅兰芳、姜妙香、姚玉芙《千金一笑》，大轴梅兰芳、陈德霖《麻姑献寿》。

本月第一舞台窝窝头义务戏，全部《红鬃烈马》。其中陈德霖与贯大元合演《三击掌》。

2 月 6 日，怀仁堂茶会戏目：

韩君青（世昌）《痴梦》，王瑶卿、王凤卿、龚云甫、陈德霖、姜妙香《南北和》，余叔岩、萧长华《胭脂褶》，压轴杨小楼、钱金福、许德义《状元印》，大轴梅兰芳、陈德霖、姚玉芙《麻姑献寿》。

本年秋，韩世昌拜陈德霖为师，学京剧。

3 月 5 日，为直隶、赤城等处赈灾募款第一舞台义务戏夜戏（第二天）：

第五出陈德霖、刘景然《战蒲关》，大轴梅兰芳、杨小楼、王凤卿、姜妙香《霸王别姬》。

4 月 8 日，为梨园全体修造东岳庙梨园祖师殿募款，第一舞台夜戏：

第五出王又宸、程艳秋、陈德霖、龚云甫《探母回令》，压轴余叔岩、尚小云《打渔杀家》，大轴梅兰芳、杨小楼、王凤卿、姜妙香、许德义《霸王别姬》。

7 月 15 日，承华社开明戏院夜戏：

大轴梅兰芳、王凤卿、陈德霖、龚云甫、姜妙香《探母回令》。

7 月 20 日，梨园公益总会筹款赈灾，第一舞台夜戏（第二天）：

第二出陈德霖、刘景然《战蒲关》，压轴余叔岩《盗宗卷》，大轴梅兰芳、杨小楼、王凤卿、姜妙香《霸王别姬》。

9 月 14 日至 18 日，云庆社在中和戏院演出，陈德霖、王又宸、徐碧云合演《探母》。

1929 年（民国十八年）68 岁

4 月 27 日，山西赈务会筹款第一舞台义务戏夜戏：

第二出高庆奎、王幼卿、陈德霖、姜妙香《四郎探母》，压轴梅兰芳、余叔岩《游龙戏凤》，大轴杨小楼、余叔岩、梅兰芳、程艳秋、马连良、朱桂芳《蚆蜡庙》。

6 月 4 日，山西赈灾会募款义演第一舞台夜戏：

第六出王又宸、王幼卿、陈德霖、姜妙香《四郎探母》，压轴梅兰芳、余叔岩《游龙戏凤》，大轴全体反串《蚆蜡庙》。

11 月 15 日至 17 日，陈德霖与杨小楼、梅兰芳、程艳秋、尚小云、小翠花、姜妙香等参加天津特别市各界对俄外交后援会为慰劳东北将士义演。

5 月 5 日，广盛社华乐园白天：

高庆奎、陈德霖、王长林、黄桂秋《探母回令》。

陈德霖与弟子黄桂秋赴天津演出。

10 月 12 日，陈德霖与梅兰芳、王凤卿等赴天津明星戏院演出《探母》。

年内在北京应蓓开公司邀请，陈德霖录制《探母》、《孝义节》各两张唱片，此为晚年最后录制的唱片。

1930 年（民国十九年）69 岁

1 月 12 日，德霖在第一舞台主演《孝义节》；18 日，在开明戏院与安舒元、龚云甫、王凤卿等合演《探母》；27 日，救济贫苦同业在第一舞台义演，陈德霖演出《彩楼配》。

4 月 22 日，名票王红拂拜陈德霖为师。未及三月已学成《骂殿》、《祭江》、《探母》、《三击掌》、《法门寺》、《惊梦》、《奇双会》等。

5 月 3 日，陈德霖在北京中天电影院贴演昆曲《昭君》。

5 月 24 日，第一舞台义务夜戏：

第三出陈德霖、文亮臣《孝义节》，大轴杨小楼、钱金福、刘砚亭、迟月亭、傅小山《水帘洞》。

6 月 29 日，与高庆奎、李慧琴等赴天津新新大戏院演出《探母》。

7 月 13 日，应弟子黄桂秋之邀，赴天津春和大戏院助演全部《红鬃烈马》。因当时天气异常闷热，加之演出过于劳累，返京后卧病不起。

7 月 27 日，因患伤寒病故。

名伶访问记——陈少霖

《立言画刊》记者

今日之二牌老生，得过真传授，见过大阵势，只陈少霖与王少楼二人耳。陈、王均为学余人物，场上唱做均不失为大好人才。少霖与叔岩为郎舅至亲，追余凡五六年，得有今日。

少霖搭班向来谨慎，普通今日成班明日散伙者决不敷衍。追随余大贤学戏经过，又都值得一说。月之三日晤少霖于百顺胡同私寓中，室内悬老夫子陈德霖偕弟子王瑶卿、梅兰芳、王琴侬、姜妙香、王蕙芳、姚玉芙等放大像一帧，长约五六尺，配以檀木镜框，越显古色古香矣。记者告以来意，少霖对往事阐述颇详，说及与余学戏之始备尝辛酸。由于少霖之谈话，可见戏饭之难吃矣。

七岁学戏由王月芳开蒙

老夫子陈德霖在梨园所树功绩固为人所称道矣。陈氏原籍河北昌平（编者按：应为山东黄县），有二子，长未学戏，次即少霖也。少霖今年三十一岁，七岁开始学戏，乃父生时谓："唱戏也跟念书一个样，非得从七八岁上立根基不可。"为此延王月芳说戏矣（按王为老谭大弟子）。最先学《碰碑》，凡三年。又改聘陈秀华授以诸谭派戏。十一岁在中南海总统府演堂会戏《太白醉写》是为少霖初次登台。当日演出成绩圆满，时老夫子对之乃更加宠爱焉。

此后即屡在各班公演，为借台演戏性质。后经人介绍，一度入俞振庭主持之斌庆社，以后转入朱幼芬之福清社，与杨宝森、刘宗杨等人在大栅栏门框胡同同乐园（即今日同乐电影院）同台，时少霖与杨、刘等均不过十三四岁，均在稚龄中也。

武把子得自钱宝森

少霖有武底子，在斌庆社公演时最喜武戏，《翠屏山 · 杀山》之石秀即为彼时学就者，舞六合刀按照老路子，近年随吴素秋等坤伶露演，则只演“吵家”一折矣。

从余学戏时曾约钱宝森（钱金福长子，现在上海）为之说把子。宝森腹内颇渊博，少霖诸靠背戏之武场子均得于钱。时宝森亦为余府之座上客，叔岩有时高兴练功必以宝森为配始能尽兴。

迄今余氏缠绵病榻，宝森驻足江南，风流云散，真往事不堪回首矣。

为《南天门》遭父斥责

在福清社公演，乃父抽暇必往聆，及至归家，更必对当日演戏那点好那点应该改加以解释。

少霖当年因畏《南天门》曹福之难，曾被老夫子斥责。少霖谓当初老人家教戏全是一板一眼，不容有丝毫马虎，场上不容有自由身段或自由腔存在也。

迄今十五岁倒仓不起，少霖对此诸多灰心，又感学戏之难，乃毅然向家庭表示弃戏而读。当时观念为念出书来找事做，从此脱离梨园不拟再事粉墨登场矣。直到二十岁嗓始渐有转机，亲朋多怂恿重拾旧业，少霖亦以抛弃儿时幼工可惜，乃又致力于学戏，未久即入余门深造，此为少霖二次从事学戏生活也。

入余门学戏五年受责无数

老夫子以长女适叔岩，少霖乃得以入余门请益矣。按余氏素珍惜自己玩艺儿，轻易不肯传人。

当时从余研究玩艺儿者有张伯驹、李适可诸人。叔岩曾一再表示学戏是学戏，亲戚是亲戚，有不好必得说。少霖每日于晚饭后即往余处，至深夜始能返回，即狂风暴雨亦决不中断。得余氏最先传授者为全部《一捧雪》，前莫成，后陆炳。有错误每以“笛子”责之，随余五年，受责不计其数。

今日孟小冬与李少春或尚未尝受此种滋味也。

《一捧雪》学就后，余氏每为之讲解学戏之难。因畏难中间又曾一度对学戏灰心，少霖是日谓：“咱们还差一点没成了同业呐！”盖曾拟投入新闻界也，后经家庭阻止乃继从余学《定军山》、《击鼓骂曹》、《四郎探母》、《失街亭》、《捉放曹》等戏。按以上诸戏少霖彼时本来已有根底，以一般人耳目观之，唱出来决不难听，唯余氏对此多加指摘，结果较比与普通人从头学一出戏更觉繁难矣。余氏教戏之认真即在此。后并令少霖从鲍吉祥、王荣山、李佩卿（为余氏早年操琴人）等，学每一出戏大体，经过鲍等指示后，再经余氏指正，则较比容易。盖鲍等随余多年，对余腔以及道白、身段等均颇熟悉也。余氏以“笛子”责之，少霖今日谈及此事似仍有余悸在焉。

从余学戏凡五年，最可追忆者即《宁武关》，戏学三年始成。按此剧之周遇吉，为余氏最珍贵得意之撒手锏，据余谈此戏较之《战太平》、《定军山》等戏繁难多多矣。“非是畏敌狂虑高堂倚门凝望”之引子，少霖学数月始得大概。全剧唱腔平均每日学三五句，身段亦如此，不对处必以笛子责之，凡三年全剧始熟练，余并使之穿上个人之行头演习，结果得一“平稳”之批评而已，余谓“好”尚谈不到也。少霖在余处整整五年，共得十数出戏。《宁武关》学就后，叔岩即认为能在京长期露演矣。彼时少霖雄心颇大，本拟独当一面，以期一鸣惊人，全部行头即于此时制就，后经余氏主张心不要太高，不妨先搭班试试。少霖亦感觉彼时头牌之难，并不像今日任何人都是头牌，改弦易辙，绝对先搭班实习焉。

拜张春彦为师学戏搭班

少霖初次搭班为与李香匀在开明戏院演全部《一捧雪》，自“过府搜杯”起，到“审头刺汤”止。彼时李香匀正以“标准美男子”号召，又大唱梅派戏，颇有叫座魔力，固不似今日之落魄窘态也。少霖饰前莫成后陆炳，嗓音复原，全剧悉宗余派，当时极惹内外行重视，人谓陈德霖有子矣。

未久又拜老伶工张春彦门下，盖为“带道师”也。与陈同时入张门者尚有范钧宏。《打侄上坟》、《盗宗卷》等戏即得自春彦，至此名益显矣，各班争相罗致，前后计搭李香匀、李畹云、新艳秋、程砚秋、金少山、华慧麟、赵啸澜、言慧珠、吴素秋等班，去上海三次，颇博佳誉。叔岩亲授戏，在沪均红紫一时，唯《宁武关》迄今未能一演耳。

自挑头牌去东北演出

前三年挑头牌偕魏莲芳、周瑞安、侯喜瑞等头路角色去东北等地露演，至此少霖得偿头牌宿愿矣。并于该地制守旧，先去大连出演宏记舞台，以诸谭派戏号召，每与魏莲芳演《四郎探母》、《打渔杀家》及个人单演《失街亭》、《洪羊洞》、《捉放曹》、《定军山》、《奇冤报》等戏全园必告满座。周、侯等在东北人缘亦佳，《连环套》一剧被誉为双绝作品，远跋共两月余，即凯旋归来矣。少霖为人向来谨慎，不愿贸然从事。盖在北京挂完了头牌，再唱二牌内行人认为莫大奇耻也，乃仍持保守主义，仍唱二牌，未来或能正式挑头也。

娶朱桂芳长女为室

娶朱桂芳长女为室，夫妻感情素极融洽，有三子，年均在稚龄。据少霖表示，不拟再使之入梨园矣。

少霖无嗜好，体颇健，每日黎明即起，时往宣南等处喊嗓，更由青年琴师钟德扬等为之吊嗓，每调又必为《探母》等戏。少霖健谈，对梨园古董知之最详，盖得于乃父生时也。近余大贤缠绵病榻，少霖曾数往探视，据谈余病近已大见起色矣。

（选自1941年11月13日《立言画刊》第164期7—8页）

陈少霖先生逝世40周年祭

杨蒲生

上个世纪50年代初期，我家住在北京宣武外棉花头条，与前辈京剧名家陈少霖是斜对门的邻居。由于和先生的公子志嘉兄及志明弟年龄相仿，是一起戏耍的“发小儿”，因而经常去陈家串门，称呼陈先生为二大爷。在他身上，绝少梨园旧习，俨然是一忠厚的长者。

有幸的是曾经听到过他吊嗓子和闲聊梨园轶事，可惜的是当年年幼，许多事情不太理解。

那时的暑假期间，晚上我们都喜欢聚集在陈家的院子里乘凉，听二大爷谈古说今、说笑话。经常讲一些“子不语怪力乱神”的闹鬼故事。先生的演艺水平，决不逊于评书演员。

记得彼时的常客还有著名的武生演员黄元庆，每晚的故事会都要说到后半夜结束，真是越听越怕，越怕越想听，个个毛骨悚然，围坐的圈子越来越小。有意思的是黄元庆这个大武生，竟然不敢走夜路回家，每每央求“二叔，送我一程”，于是先生牵起爱犬“大吉利”护送黄元庆回相隔不远的黄府。

1930年以后陈少霖先生曾从姐丈余叔岩学戏五年，得其真传，有一定的成就，是民国时期著名的余派老生。为了正式搭班唱戏，1936年又与范钧宏、马少襄同时拜在张春彦的门下。

先生的艺术风格是遵循传统，偏于保守，用今天的话来说，是不擅于创新，因之不大适合领衔主演挂头牌，而挂二牌是极受欢迎的好角儿。上个世纪 30 年代以来，曾与众多京剧名家合作，如李香匀、华慧麟、赵啸澜、王玉蓉、金少山、程砚秋、荀慧生、赵燕侠等，常贴演的剧目以《骂曹》、《失 · 空 · 斩》、《碰碑》、《定军山》、《阳平关》等余派戏为主。

自 1952 年起，他就辅佐张君秋，以二牌老生身份长期合作，彼此配合默契，演出效果相得益彰，如《朱痕记》、《银屏公主》、《四郎探母》、《红鬃烈马》、《诗文会》等都是极受欢迎的剧目。

我看过印象最深的几出戏是：

（一）《击鼓骂曹》：1954 年北京市第一届戏曲观摩演大会时，市文化处安排陈少霖演出《击鼓骂曹》，是为“展览剧目”，同时参加展演的还有曹艺斌的《徐策跑城》，孙毓堃的《铁笼山》、《状元印》，宋德珠的《扈家庄》，孟小如、张菊舫的《青风亭》等，大概是“示范演出”作用，先生演出恪守老例，中规中矩，受到业内外观众的好评。最终获得演出三等奖。

（二）《四郎探母》：1956 年 9 月北京市成立京剧工作者联合会，演出规模盛大的《四郎探母》，由李和曾、奚啸伯、陈少霖、谭富英及马连良等五人分饰杨四郎。当时少霖先生已四十五岁，但在同仁当中，仍属“少壮”。戏里显露武功的四郎“过关”被擒一场，就责无旁贷地落在他的身上。这一场戏虽不长，但是几句快板唱得干板剁字，如珠落玉盘，被擒绊落坠马时，走一个干净利落的“吊毛”，获得全场的彩声。

（三）《断密涧》：1960 年前后，陈先生曾几次和裘盛戎合作，演出了生净对儿戏《断密涧》，堪称珠联璧合，两个人的对口快板，声声出彩，句句“拿人”，极为精彩，尤其是裘盛戎的一句韵味浓郁的“李密打马朝前闯”获得肥彩下场后，少霖先生接着一句“封腿儿”“王伯党错保了无义的王”，真是奇峰突起，声调高昂，这一句当中的“王伯党”和“无义的王”，用了“楼上楼”的唱法，连续两个嘎调，顿时台下掌声不断，整个广和楼的气氛就像开了锅一般，至今记忆犹新。

令人遗憾的是1956年底并入北京京剧团后，先生的处境微妙，前边有马连良、谭富英，后边有谭元寿、马长礼，因而他演出的机会相对较少，1962年就因病息影舞台，1967年在京病逝。

可以庆幸的是先生培育了三子志清，现已克绍箕裘，继承父业，是当代享誉菊坛的余派老生之翘楚了。

2007年7月是陈少霖先生逝世四十周年纪念，我草拟一联以纪之，联曰：

出名门，投名师，余派正宗，成名角甘当绿叶；

传技艺，育英才，陈门有继，慰英灵喜看红花。

（见台湾《申报》2007年8月26日4版）

纪念先父陈少霖百年诞辰

陈志明

2011 年端午节是我父亲 100 周年诞辰的日子，今借《中国京剧》杂志的一角，写一篇短文，发表几张父亲生前的剧照、演出广告和戏单。特别是近几年又发现不少父亲在上海等地演出的信息，我立即着手整理出来，向广大读者做一简要的介绍，同时也表达我兄弟四人（志嘉、志明、志清、志忠）对先父的怀念之情。

陈少霖(1911—1967)，字沛如，生于北京，原籍山东黄县。我的祖父陈德霖(1862—1930)是清末民初著名的青衣泰斗，出身于程长庚主办的三庆班，按当年齐如山的评价：可以说，青衣行中，他是一个划时代的角色。在金达志主编的《立言画刊》164 期中记者访问先父的文稿中记载，我父亲 7 岁开始学戏，请谭鑫培的徒弟王月芳开蒙学《碰碑》，3 年后又聘陈秀华教谭派戏。先父 11 岁时(1922 年）首次登台，是在中南海总统府堂会戏中演出《太白醉写》，效果尚属圆满。后来在北京参加了斌庆社、福庆社科班借台演戏，地点在前门外门框胡同的同乐园（即解放初期的同乐电影院），同台的演员还有杨宝森、刘宗杨、王少芳、姜少香等梨园子弟，大多是时年十五六岁的年轻人。1930 年我祖父病故，余叔岩很关心妻弟的前途，让他每天到余府学戏。不管刮风下雨、暑热严寒，他每天吃过晚饭就去余府，直到深夜才能回家，这一学就是5年。余叔岩曾一再表示：学戏是学戏，亲戚是亲戚，有不好就得说。像学《一捧雪》时，遇有错误，必用竹笛责之，可以说5年之内受责不计其数。再有，学习《宁武关》时，花费了3年的时间。在学成之后，曾进行过排练，余叔岩认为“好”尚谈不到，只落得个“平稳”二字。1936年因余叔岩续娶姚氏为妻，与陈家关系有所疏远，我父亲也就不便再去学戏。但一大家子人要生活，不搭班唱戏怎么行？1936年先父又与范钧宏、马少襄同时拜在张春彦先生门下，像《打侄上坟》、《盗宗卷》、《辕门斩子》、《白帝城》等戏都受到张先生指教，后来父亲能正式搭班唱戏，在行内外有一定的声誉，这和张老师的提携分不开。

以下略举数例，说明父亲在舞台上拼搏竞争所取得的成绩。

1939年9月，父亲随吴素秋、赵金蓉、梁韵秋、李婉云4位坤旦到上海更新舞台开幕剪彩演出。这次赴沪演出吴素秋最受欢迎。而据上海《申报》记载，近两个月的演出中，我父亲主演的剧目有23出戏，计有《八大锤》、《连营寨》、《失·空·斩》、《卖马》、《捉放曹》、《盗魂铃》、《雪杯圆》、《骂曹》、《碰碑》、《琼林宴》、《群英会》、《借东风》、《双投唐·断密涧》、《洪羊洞》、《乌盆记》、《阳平关》、《黄鹤楼》、《辕门斩子》、《搜孤救孤》等，可以看出以余派老生戏为主。和几位坤旦合演的剧目有：《宝莲灯》、《双姣奇缘》（《法门寺》）、《朱痕记》、《龙凤呈祥》、《四郎探母》、《二进宫》、《盘丝洞》、《王宝钏》、《汾河湾》、《珠帘寨》、《红鬃烈马》、《审头刺汤》等12出。父亲在更新舞台总计参演的剧目有34出。由此可以看出，作为二牌演员如果不会几十出戏的话，这样紧张的演出任务是无法完成的。当年上海资深的剧评家苏少卿先生在《申报》上曾发表综合评论文章，说到我父亲时，认为“唱工极守规矩，无一出律之腔，可谓众醉独醒，吾最赞许嗓音正味，毫无邪气……”

1940年7日4日至8月11日，父亲又随毛世来到上海，在黄金大戏院演出。父亲个人单演的剧目有：《失·空·斩》、《骂曹》、《捉放曹》、

《打棍出箱》、《阳平关》、《连营寨》、《珠帘寨》,《奇冤报》、《碰碑》、《卖马》、《搜孤救孤》、《八大锤》、《打渔杀家》等15出。而与毛世来合演的剧目就有12出:《乌龙院》、《翠屏山》、《铁镜公主》连演《四郎探母》、《穆桂英》、《酸枣岭·刺巴杰·巴骆和》、《双姣奇缘》、《阎惜娇》、《群英会》(毛世来反串周瑜)、《白水滩》(此戏为全体演员反串,也是最后一场临别纪念)。每逢周六、周日还要加演日场。可以想见当年演员的辛劳。

1940年上半年和1941年初,父亲应邀与程砚秋至济南、烟台、青岛等地合作演出。因程班的头牌老生王少楼要独立挑班,我父亲接替王先生演出。这次父亲个人单演的剧目有13出,仍以余派老生戏为主,为避免重复此处就不一一列出了。与程先生合演的剧目有《王宝钏》、《法门寺》、《柳迎春》、《朱痕记》、《四郎探母》、《三娘教子》、《宝莲灯》等7出戏。这几出戏虽多数通大路,但是像《柳迎春》是经过程先生重新排过的,如果不预先熟悉场子、唱腔、唱词的变化,在演出时,就很难达到默契配合的状态。此外,与其他名角合作也有类似问题出现。先父一生从艺四十多年,曾与众多流派的名家合作,据粗略统计,主要有李香匀、华慧麟、王玉蓉、吴素秋、章遏云、小翠花、荀慧生、程砚秋、金少山、李世芳、毛世来、赵燕侠等,演出几乎跑遍了多半个中国。1952年以后,主要合作者是张君秋,这在我编著的《陈德霖评传》中已作过概要介绍,这里不再重复。要想将父亲一生的艺术活动做全面的整理,要花费不少时间去查阅旧报刊杂志,外地演出情况更难查找。

我父亲是民国时期著名的余派老生演员,他能取得成绩的原因,我认为有三点:

一、早年学戏遇到名师指点,在唱、念、做、打几个方面相对来说比较规范,为后来搭班唱戏打下良好的基础。

二、父亲一生四十多年的舞台生活,积累了不少经验。可惜他走得太早,很多东西都没来得及总结,是最大的遗憾。

三、靠个人对艺术执著追求，奉献终生。他在患病居家修养时，还在钻研余叔岩的十八张半唱片，对自己演过的戏也进行了一些文字整理，可惜在“文革”中都被付之一炬。唯一存留至今的，是他晚年自录的《一捧雪》唱念磁带。经刘曾复先生听过，认为这是余派老生戏珍贵的录音资料。

梨园人物小志（二十六）——陈少霖

郑过宜

陈少霖，青衣泰斗德霖之子，幼时入校读书，未尝专志学戏，迨德霖溘逝，为门户计，始致力焉。少霖之姐，归余叔岩，以戚谊故，诲之甚力，严厉过于业师，偶或乖误鞭扑不贷，虽当宾客，亦不为之稍恕。以是少霖见叔岩辄畏，惴惴唯恐不当其意，顾忌既生，悟性渐泯，少霖获叔岩提命之殷，而不能攫有叔岩全体之美者，实叔岩教授之不善，有以致勿勤也。然即此少霖所得已多。晚近老生人才，后起虽似不少，至云恪遵格律，不敢恣肆于绳墨之外者，叔岩而下，仅得一杨宝森，宝森之次，惟少霖耳，斯吾敢断然言之而不疑。惜其嗓微灰，天赋非佳，异日锻炼功深，或得借人工以弥此缺憾也。

（1941 年 7 月 30 日上海《申报》12 版）

我看过的陈少霖

郭澄宇

读《梨园周刊》赵晓东《姚期乱弹》一文，谈及1960年名老生陈少霖配演刘秀极为精彩。因我当时也看了这场戏，印象很深，并联想起看过陈少霖的几场演出。

陈少霖曾得到余叔岩的亲传，艺术造诣很高。解放后，多年与张君秋合作，为二牌老生，在1956年一次轰动剧坛的演出中，陈少霖与马连良、谭富英、奚啸伯、李和曾五演《四郎探母》中的四郎，毫不逊色，同样是“角儿”的风度。

后来在人才济济的北京京剧团中，由于上有马连良、谭富英，下有谭元寿、马长礼、高宝贤，陈少霖演出正戏不多。尽管如此，他有几场演出给人留下很深的印象。

在那一段时间里，我看过陈少霖不少戏。如他与裘盛戎合演的《姚期》、《铡美案》、《断密涧》；与李世济合演的《英台抗婚》、《三击掌》；与李毓芳合演的《女斩子》；与黄元庆合演的《长坂坡》及自己的单挑戏《捉放曹》、《辕门斩子》、《击鼓骂曹》等，可以说各有特色，都是好戏。

《断密涧》是裘盛戎十分珍惜的拿手好戏，由于唱功繁重，几年难得一演。在1961年4月，裘先生与陈少霖在长安戏院贴了这出戏，开场是杨少春的《林冲夜奔》，然后是马连良、李世济的《三娘教子》，自是十分精彩。而陈少霖扮演的王伯党实在令人难忘。其特点是逢高必高，毫不偷工减料。在“投唐”一折，裘盛戎的一句“降唐的事儿我把心放稳哪”，拖腔韵味十足，博得一个满堂彩。而作为配角的陈少霖封腿一句“似狂风驱散了满天云”中，“似狂风”唱嘎调，有如鹤鸣长空，奇峰突起，与《探母》中的“叫小番”有异曲同工之妙；而“满天云”又以高腔唱出，在一句唱中得两个炸窝好。后面与裘盛戎对唱的快板，干板垛字，如珠落玉盘。尤以“他本是真龙下天堂”和封腿的散板“王伯党错保了篡位王”中的“下”字和“党”字均以嘹亮的嗓音高调门唱出，反映二人争吵越说越急的情景。除了唱外，还有两处念白极为传神，一句为“似你这样忘恩负义之人，谁来保你”，一句为“俺王伯党性命断送你手”。念得满腔怨恨，而又无可奈何，念出了人物的愚忠、认命的情绪。裘盛戎的《断密涧》我看过三次，以这一次印象最深。

在1960年的一个日场，我在广和剧场看了一场《长坂坡·汉津口》。黄元庆按老例赵云到底，由马盛龙扮关羽、周和桐扮曹操、李毓芳扮糜夫人、陈少霖演刘备。从形式上，无疑是杨梅余郝的流派传人合作。陈少霖的西皮导板转原板自是字正腔圆，但更出色的则是“摔子”一场的表演。当刘备见到血战归来的赵云，由于惦念阿斗的安全，对赵云说的那句“快快看来”念得很急，目光透出非常焦急的神情。这时赵云抱出阿斗说：“唔呼呀，他倒睡着了。”黄元庆的表情则是如释重负又有些邀功的得意。刘备快速地接过孩子，紧张地一看，然后长出一口气，马上对自己重视亲子轻视将才的失态而后悔。这时只见陈少霖用眼角的余光左右一扫，随着眼珠一转，计上心来，用眼光斜扫着赵云说“哼，为你这孺子，险伤我一员大将”，然后将阿斗高高地举起，仍看着赵云，一个停顿，假摔真送地将阿斗送到赵云手中。而赵云也在刘备停顿时做好了准备，接过阿斗，诚惶诚恐地跪下，发自内心地说：“折杀为臣。”这一节表演两人演得严丝台缝，把刘备的用心表现得一览无余，清清楚楚。只可惜这样好的一段戏，由于近年武生唱此戏都是一赶二，前赵云后关羽，为换装而将此场删去了。

曾听人说过，余叔岩演戏非常认真，一句散板、一句道白都是全力以赴，一丝不苟，我看陈少霖的戏就是这种风格。

陈少霖，不该被遗忘的名家

孙大乐

对于京剧略有研究的人都知道，余叔岩一生收徒严谨，而余门弟子也被概括为“三小四少”，其中著名的有谭富英、孟小冬、李少春，而对于其他几位弟子宣传得不多，尤其是陈少霖先生，多年来从研究者很少有关注他的，似乎已被人们所遗忘。在呼吁振兴京剧的今天，重新回顾陈少霖先生的艺术道路，笔者认为对于青年演员的学习和探索都是有帮助的，而更重要的是要让年轻人知道，真正的名家不一定都是大红大紫的。

我很早就知道陈少霖先生，但听他的戏却不多（传世录音有限），其中给我印象最深的是他和金少山先生《断密涧》唱片，嗓音清脆、高亢和金先生对唱丝丝入扣，严丝合缝，激昂处如穿云裂石，听来令人精神振奋。据说解放后他和裘盛戎也演过此戏，而且逢高必高，嘎调唱来毫不费力。“似狂风吹散了满天云”一句，“似狂风”唱嘎调，“满天云”又唱高腔，一句两个高腔，能要下两个好来，这没有深厚的工夫是不行的，也远非后来演此戏的老生能比。听他和张君秋的《朱痕记》那段“见坟台不由泪流满面”的反二黄，音色上和谭富英有些近似，那种率直的感觉和谭也很相似。尤其是演唱的速度、尺寸也比较快，但并不慌乱，也不毛糙，特别平稳、规矩，不像现在的演员一味放份儿，而游离于剧情和人物之外，显得拖沓。这出戏里陈先生的念白也很干净，干板垛字，和张君秋配戏珠联璧合。我查阅过资料，这出戏并非陈先生的拿手戏，而他演来却非常娴熟，几十年后重听录音，有亲临现场之感。这样的演员，在今天绝对是名家。只可惜在那个年代，上有马连良、谭富英等头牌演员，后有谭元寿、马长礼等青年演员，他被夹在中间，难以显现。正如笔者一位好友所说，他是非常优秀的二牌老生。

纵观陈少霖一生，其艺术成就虽不及马连良、谭富英，但却远在后起青年演员之上，只是当时的环境决定他不能去争戏，而陈先生为人更不会这么做，即便如此，陈先生演出任务也是很繁重的，1952 年到 1957 年这 6 年里，每年都有半年多的时间在外地巡回演出，特别是 1957 年并入北京京剧团以后，他既要担任团里的行政职务，又有繁重的演出，但每次演出他都认真完成。陈少霖先生是从旧时代过来的，同很多演员一样，要求他有大公无私的精神恐怕不现实，但他一生忠厚，平易近人，对有困难人热心帮助，作为一名演员能把戏演好，又能把这些普通而平凡的事做好，我总觉得这就是对“德艺双馨”这个称号的最好解释。

我所看到的陈少霖先生

老 田

上世纪50年代北京最好的二牌老生可以说就得数陈少霖了。1953年在北京市京剧三团《金·断·雷》前边演《失·空·斩》,《霸王别姬》前演《闹府出箱》,《凤还巢》前边演《八大锤·断臂说书》,大段二黄唱来有滋有味,吊毛翻得漂亮,说书念白、神气都很好。后来看过陈少霖、张君秋合作的《武家坡》、《二进宫》、《打渔杀家》、《金水桥》、《朱痕记》。《彩楼记》前边演《除三害》,《望江亭》前边演《太白醉写》。1955年三团首次贴演《四郎探母》,陈先生饰四郎一人顶到底。早年陈先生受教于余叔岩,演戏规规矩矩,不卖弄,在该卖力气的地方,又绝不惜力。印象最深的是并入北京京剧团后,与裘盛戎两次合作《鱼藏剑·刺王僚》,他唱"一事无成两鬓斑"是地道的余腔。见姬光的唱高耸入云,真很警人。而他和裘合作《断密涧》,真给人印象深刻,高腔迭起,绝不输于裘先生。我看陈先生的戏不少,当推此剧最佳。上世纪60年代初赵燕侠、马富禄演出《梅玉配》,赵初演时,剧中饰吏部尚书苏旭不太给劲,后来换上陈先生气氛就截然不同了。1956年大合作《四郎探母》,陈与马、谭、奚、李分饰四郎,后来在北京京剧团演此剧时,陈先生的《坐宫》,谭、马分饰四郎,其地位可想而知。

(选自2011年9月20日《中国京剧论坛》)

一次精彩的大反串演出

陈志嘉

1961 年 2 月 13 日晚在北市工人俱乐部，北京京剧团为了庆祝完成了一年的演出任务，招待家属和各界朋友欢度春节，举行了一次大反串演出。我有幸作为北京京剧团演员的子女观看了这次精彩的演出。虽然已过去了 40 余年，但当时强大的演员阵容和他们精湛的表演艺术，至今使我记忆犹新。在这次精彩的联欢会上，京剧演员除表演了京韵大鼓、合唱、独唱和新疆舞等节目外，大轴戏是全团演员反串的《大虮蜡庙》。真可谓是名家荟萃，异彩纷呈，增加了欢度春节的喜庆气氛。反串角色如下：

老生演员马连良扮演费德恭（勾脸武生）

老生演员谭富英扮演朱光祖（武丑）

青衣演员张君秋扮演金大力（花脸）

花脸演员裘盛戎扮演张妈（彩旦）

花旦演员赵燕侠扮演黄天霸（武生）

老生演员陈少霖扮演费兴（丑）

老旦演员李多奎扮演家院（老生）

丑角演员马富禄扮演施公（老生）

青衣演员李世济扮演贺人杰（武生）

花旦演员小王玉蓉扮演褚彪（老生）

花脸演员周和桐扮演小姐（青衣）

花脸演员张洪祥扮演张桂兰（武旦）

青衣演员李毓芳扮演关太（花脸）

花旦演员赵丽秋扮演米龙（花脸）

花旦演员李淑玉扮演窦虎（花脸）

小生演员刘雪涛扮演王栋（花脸）

小生演员闵兆华扮演王梁（花脸）

这台戏集中了当时北京京剧团最优秀的演员。为了演好这场戏，各位演员事前都做了充分准备，每位都表演了几手绝活，使演出大为增色。马连良先生扮演的费德恭，勾紫脸，打扎巾，耳边插一朵大红花，身穿紫色箭衣，外罩紫色绣花褶子，足登厚底靴，手持一把大折扇，宗杨（小楼）派武生的路子，身段优美，动作干净，出场一亮相，就获得一个满堂好。念白铿锵有力，嘴里很有功夫。在虮蜡庙强抢民女时，费德恭与老家院双手架起，三晃以后将老家院推倒在地。马先生在念“好不识抬举”时，使用了一个扔扇转身反手接扇的漂亮的亮相动作，再次获得一个满堂彩。当时马先生已年近60岁，在开打时依然身穿箭衣，足登厚底，手舞大刀打了几个“档子”，并且要了大刀花的“下场”，他的武打动作出手不凡，亮相又帅又稳，受到台上台下、内行外行的一致好评。

李多奎先生扮演陪同小姐到虮蜡庙上香的老家院。在小姐被抢进费德恭家之后，老家院前往官府报案途中遇到金大力，金大力拉着老家院去告状，走一个“圆场”。在下场时，为了表现老家院的心急腿脚不利落，李先生扔了一个“大吊毛”，顿时令舞台上下为之动容。当时李先生已经63岁了，竟翻一个“大吊毛”，把大家都吓坏了。事后几位团长都关心地问他摔着没有？李先生说：“我高兴，没事。这个节骨眼上我得‘铆上’。”老家院见施公时，李先生唱了一段西皮流水，嗓音清脆、洪亮，节奏紧凑，再次获得热烈掌声。

扮演小姐的是周和桐，身体很胖，身穿的花褶子紧绷在身上，一登台就令观众捧腹大笑，连台上的演员都不敢看他，一看他就要“笑场”。但是周先生非常认真严肃地用小嗓念白、演唱，举止也不失小姐的风范。名丑马富禄以嗓音洪亮著称于京剧界，这次他扮演施公，头戴乌纱帽，身穿红蟒袍，腰横玉带，他以高亢、脆亮的声音演唱了一段西皮原板，字正腔圆，声音响彻北京市工人俱乐部全场，观众给予热烈的掌声。

扮演褚彪的是小王玉蓉，她以武老生的工架，唱念做打一丝不苟。在定计化装前往虮蜡庙途中，与黄天霸、张桂兰等“走边”的表演中，动作干净利落。下场时使用了一个“铁板桥”身段，转身亮相，漂亮、稳健。她的基本功扎实，受到观众的称赞。

赵燕侠扮演的黄天霸，头带硬罗帽，身穿白色绣花抱衣抱裤，足登薄底靴，外罩白色绣花褶子。眼神、身段都是标准的短打武生气派。第一次快步登场亮相时,就获得一个满堂好。在后面的“走边”和“开打”表演中,也非常出色,动作快捷、利落，充分展现了她扎实的功底。念白、表情充满了英武豪气，受到观众的高度赞扬。

张洪祥扮演的张桂兰，梳“大头”，穿红裤袄红战裙，身披红斗篷。别看张先生 1.8 米的身高，在“走边”的表演中，一招一式都是标准的武旦身段,在亮相时用的是武旦的“兰花指”。用小嗓念白非常认真，没有丝毫大花脸的痕迹。

谭富英先生扮演的朱光祖，勾武丑脸，戴倒八字胡，戴黑鬃帽，身穿黑缎子绣花的抱衣抱裤，足登黑色薄底靴。谭先生一念白，又脆又亮，两眼炯炯有神，极具“开口跳”风范。听说反串武丑是谭家的祖传，当年谭鑫培在大反串戏里就擅演此角。在准备前往捉拿费德恭时，下场时谭先生抬右脚将鸾带踢到肩上转身亮相，动作非常熟练，获得热烈掌声。

张君秋先生扮演的金大力，是戏中惟一清装打扮的人物。头戴发辫，揉黑脸，穿青箭衣，足登薄底靴。他大步流星，手持大粗杠子，从扮相和表演上，一反大青衣的风采，但是念白中仍带了一点细声细气，逗得观众都笑了。在与费德恭家奴滑稽开打中，引得全场观众鼓掌大笑。

李毓芳扮演的关太，勾红“三块瓦”脸，头戴硬罗帽，身穿绿色绣花箭衣，腰系大带，外罩绿色花褶子，足登厚底靴。念白时铆足了劲，模仿大花脸腔调，举手投足非常规范，如果不知情，还真看不出是位女演员扮演的。听说李毓芳扮戏时，找不到合适的红彩裤，结果穿了一条粉彩裤。

李世济扮演的贺人杰，穿红色抱衣抱裤，外罩青布小褂，头戴“孩儿发”，显得特别年轻活泼。家父陈少霖扮演家奴费兴，丑角上台要念京白，于是他在家里反复练习丑角的京白，以克服本工老生味儿。戏中有一段费兴与褚彪、贺人杰的对白，插科打诨，诙谐幽默，逗得全场观众大笑。

裘盛戎扮演彩旦张妈，头戴头纂，身穿大襟彩衣彩裤，脚穿女彩鞋，手拿一块花头绢儿，一扭一扭地走上台，一句带鼻音的念白“我——小张妈”，引得满堂喝彩。

赵丽秋、李淑玉扮演的山大王米龙、窦虎，头戴硬罗帽，勾脸，穿箭衣外罩花褶子，足登厚底靴，用花脸腔念白，又是“趟马”又是“跑圆场”，马鞭上下挥舞，动作非常娴熟，一招一式都很认真，获得观众称赞。

这出戏特邀侯喜瑞先生任舞台监督，并为马连良先生勾脸。

我记得在《虮蜡庙》中还有一段戏中串戏，由全部乐队人员化装演唱《锁麟囊》“春秋亭”一折。反串角色如下：

程派琴师唐在炘扮演小姐薛湘灵

琴师王永泉扮演丫鬟梅香

余派琴师王瑞芝扮演家院薛良

鼓师王和义扮演赵禄寒

琴师潘锦华扮演赵守贞

由熊成旭操京胡，何顺信操京二胡，金瑞林打鼓。据说唐在炘早年曾私淑程派青衣，后改操琴。他在《春秋亭》的唱段中，唱腔抑扬顿挫，节奏清晰婉转动听，程派韵味十足，每唱一句，都获得热烈的掌声。有人说："难怪老唐给李世济伴奏那么严，原来他自己演唱得也那么好。"此外丫鬟梅香与赵父之间的对白，薛良与赵父之间的对白，都增加了临场戏剧效果。潘锦华扮演的赵守贞，演唱和念白也很到位，受到观众的好评。

当时的北京京剧团各位名家的表演都达到了炉火纯青的程度。我看过很多次京剧演员的反串演出，觉得这一次阵容最强大，演出也最精彩。这次精彩的联欢晚会，还有马长礼演唱的白派大鼓，朱锦华、杨少春等四人表演的新疆舞，张滨江、贾荣年表演的滑稽"耍碟子"，杨少春、张少武、何振兴、张滨江等表演的《造型艺术》，任志秋学唱孙派老生时慧宝的《朱砂痣》唱段。

我和老朋友杨蒲生先生曾一起回忆这次精彩的春节联欢会，特别回忆起名家大反串《大蜡庙》，真是群英荟萃，妙趣横生，令人难忘。

陈少霖艺术活动年谱

陈志明

陈少霖（1911—1967）名福寿，字沛如，小名二套，自号春阳居士。原籍山东黄县，生于北京。他是民国时期著名的余派老生，亦为二牌老生中之佼佼者。

1911 年（清宣统三年）1 岁

阴历五月初五日生于北京。

1917 年（民国六年）7 岁

开始学戏，延请谭鑫培大弟子王月芳传授谭派戏。初学《碰碑》，共学戏 3 年。

1920 年（民国九年）10 岁

改聘著名老生教师陈秀华教戏。

1921 年（民国十年）11 岁

在中南海总统府演堂会戏《太白醉写》是初次登台，演出成绩圆满。

本年曾随父亲陈德霖去天津演出《困曹府》，饰赵匡胤，博得观众好评。

1923 年（民国十二年）13 岁

阴历三月冯幼伟宅祝寿戏陈少霖贴演《金马门》。此戏与《黄金台》、《上天台》均为娃娃生必习之剧。据访问陈少霖幼年好友王寿石说，此戏由舅父时慧宝亲授。

1924年（民国十三年）14岁

刘砚芳组织荣华社科班。于旧历十一月二十八日演出于同乐园，学生有80多人。参加外串借台演出的有杨宝森、刘宗杨、王少芳、姜少香、陈少霖等人。后因陈少霖变嗓而退出演出。

1930年（民国十九年）20岁

当年7月陈德霖病逝后，余叔岩很关心陈少霖的发展，陈少霖正式到姐丈家学戏。得余叔岩真传的主要有《一捧雪》、《宁武关》、《洪羊洞》三出戏。同时也向钱宝森学习把子功。

1931年（民国二十年）21岁

在前门外长巷二条吉宅唱过一次堂会戏。与名旦李香匀合演《审头刺汤》，剧目排在倒第三。那天穿了余叔岩的行头，并特约叔岩的琴师李佩卿伴奏，演出效果很好。压轴为杨宝忠《骂曹》，大轴由药行乐家演出《四五花洞》。这次演出说明余叔岩对妻弟的支持和希望。

1932年（民国二十一年）22岁

1月5日，在开明戏院首次演营业戏，当日戏目如下：

裘桂仙《草桥关》，诸茹香《一匹布》，孙毓堃、许德义《铁笼山》，李香匀《穆柯寨》，大轴陈少霖、李香匀、张春彦、马富禄、鲍吉祥《一捧雪》。

从演出时间看正好是陈少霖向姐丈学戏期间。当年余叔岩曾强调："亲戚是亲戚，学戏是学戏，如有不对之处，必用竹笛击之。"叔岩对陈少霖的演出评价只是"平稳"二字。

12月24日，陈少霖与朱桂芳长女朱毓慧结婚。当天由朱家五位弟弟盛康、世奎、永祺、金琴、玉安送大姐到陈家。

1933年（民国二十二年）23岁

10月27日，余叔岩元配夫人陈淑铭因患肺心病逝世。余先生曾为夫人写下一副挽联：

二十年深资壶政，持家有度，教女有方。伯道纵无儿，还期永举齐眉案。

一门内克树坤仪，御下以宽，款宾以礼。安仁伤失偶，何堪学作悼之词。

本年陈少霖继续向姐丈余叔岩学戏。

1934 年（民国二十三年）24 岁

不论刮风下雨，陈少霖每晚必准时到余府。

1935 年（民国二十四年）25 岁

余叔岩于 1935 年旧历六月初六又续娶医士姚文甫之女姚淑敏为继室。因姚氏与陈家关系紧张，陈少霖也不便再去余府学戏了。

本年陈少霖长子陈志嘉出生。

1936 年（民国二十五年）26 岁

陈少霖已挑起家庭生活重担，按梨园行的规矩，没正式拜师的艺员不能搭班唱戏，故陈少霖在本年内与范钧宏、马少襄同时拜张春彦为师，一边继续学戏，一边在师父带领下搭班演戏。从张先生学的戏有《状元谱》、《盗宗卷》、《辕门斩子》、《白帝城》、《定军山》、《战樊城》等戏。余叔岩曾对陈少霖拜师一事极为不满，但这也是不得已而为之吧！

10 月陈少霖随华慧麟到武汉演出。因当时没有武汉报纸，无法了解演出详情。

1937 年（民国二十六年）27 岁

3 月 14 日，演于吉祥大戏院：

王少芳《黄金台》，张德俊《鄚州庙》，陈少霖、裘盛戎、宋继亭《击鼓骂曹》，紫云霞、叶盛兰、茹富蕙《女起解 · 玉堂春》。

3 月 20 日—4 月 11 日，随程砚秋赴上海，演出于黄金大戏院。鸣和社主要演员有程砚秋、俞振飞、曹二庚、文亮臣、李四广、慈少泉、吴富琴、芙蓉草、陈少霖、盖三省、钟喜久。

年内陈少霖加入金少山、李多奎之松竹社演出。

6月，又随李香匀演出于山东省济南。

本年陈少霖次子陈志明出生。

本年陈少霖所灌唱片有：百代公司《骂曹》（饰祢衡）、《捉放宿店》（饰陈宫）、《八大锤》（饰王佐）、《芦花河》（饰薛丁山，王玉蓉饰樊梨花）。

1938年（民国二十七年）28岁

陈少霖第一次做挑班的尝试。年内曾与魏莲芳、侯喜瑞、周瑞安、阎庆林等人赴东北大连、沈阳等地演出。

6月26日，吉祥戏院：

孙盛芳（双出）、陈少霖、钟鸣岐《独占花魁》、《朱痕记》。

6月27日，庆乐戏院：

陈少霖、侯喜瑞《骂曹》，赵啸澜、茹富兰、张春彦全部《雷峰塔》。

7月1日，庆乐戏院：

周瑞安、侯喜瑞《连环套》，赵啸澜、陈少霖《探母回令》。

7月3日，吉祥戏院日场：

陈少霖《托兆碰碑》，新艳秋《青霜剑》。

7月5日，庆乐戏院：

赵啸澜、陈少霖、茹富兰、吴彩霞《探母回令》。

7月11日，庆乐戏院：

陈少霖《托兆碰碑》，赵啸澜《十三妹》。

7月18日，庆乐戏院：

赵啸澜、陈少霖、周瑞安、侯喜瑞、张春彦、茹富兰《朱痕记》。

8月1日，庆乐戏院：

赵啸澜、茹富兰、周瑞安、陈少霖、侯喜瑞《新天河配》。

1939年（民国二十八年）29岁

4月，吉祥戏院：

萧长华《变羊记》，陈少霖、计艳芬《打渔杀家》，小翠花、尚富霞、裘盛戎《红梅阁》。

8月演出于天津中国大戏院，主要演员有章遏云、陈少霖、王士英、侯喜瑞、叶盛兰、马富禄、韩富信、王秀雯、韩舒声、何佩华、哈宝山、苏庆山、宋义增。

8 月 16 日，《吊金龟》、《挑华车》、《失街亭》、《得意缘》（访婿至下山）。

8 月 17 日，《八大锤》、《玉堂春》。

8 月 18 日，《徐母骂曹》、《恶虎村》、《法门寺》（带“大审”）。

8 月 19 日，头二本《连环套》、《探母》。

8 月 20 日，白天头二本《连环套》、《卖马》、全部《红鸾禧》；

夜戏《武文华》、《打棍出箱》、头本《虹霓关》、全体合演《天河配》。

8 月 21 日，日场《艳阳楼》、《骂曹》、全部《天河配》；

夜场《金锁阵》、《搜孤救孤》、《棋盘山》、全部《天河配》。

因 8 月 22 日天津发大水，演出被迫停止。

9 月 27 日，上海更新舞台重张开幕，剧场邀请吴素秋、赵金蓉、梁韵秋、李婉云四名坤旦去剪彩，连续演出近 2 个月。同去演员还有：陈少霖、梁慧超、李多奎、李春恒、周维俊、张春彦、贾多才、孙盛武、王盛意、李世琦等。这次赴沪演出，以吴素秋最受欢迎。主要演出摘记如下：

1939 年 10 月 4 日上海《申报》14 版发表剧评家苏少卿《更新新角评》一文中对陈少霖评论：“唱工极守规矩，无一出律之腔，可谓众醉独醒，吾最赞许。嗓音正味，毫无邪气，音量不大，尚能一放，再养衷气，用苦工可大红。做工神气有极佳之处，如向妻云‘醒来说话……我就跪’故示不经意以骗妻盟誓，此处最得体。有几字声低而字不清，宜注意改正之。”

10 月 8 日，日场李多奎《钓金龟》，梁慧超《金钱豹》，陈少霖、李春恒《骂曹》，吴素秋、周维俊、孙盛武《女起解 · 玉堂春》。

夜戏梁慧超《安天会》，吴素秋、陈少霖、李多奎、周维俊《探母回令》。

10 月 9 日，梁慧超《力杀四门》，吴素秋、周维俊《虹霓关》，李多奎、梁慧超《目连救母》，吴素秋、陈少霖、李春恒《二进宫》。

10月18日，李多奎《赵州桥》，梁慧超《林冲夜奔》，陈少霖、李春恒《骂曹》，赵金蓉、周维俊、张春彦《碧玉簪》。

10月20日，李多奎《钓金龟》，陈少霖、梁慧超《八大锤》，赵金蓉、周维俊《廉锦枫》。

10月21日，李多奎《望儿楼》，梁慧超《杨再兴归天》，陈少霖、马秀荣《盗魂铃》，赵金蓉、周维俊、张春彦《鸳鸯冢》。

11月10日，梁慧超《夜奔》，陈少霖《辕门斩子》，梁韵秋，张春彦、周维俊《凤还巢》。

11月11日，李多奎《钓金龟》，梁慧超《挑华车》，陈少霖《搜孤救孤》，吴素秋、周维俊、张春彦《芙蓉剑》。

12月23、28、30日，庆乐戏院：

赵啸澜、陈少霖《甘露寺·美人计·回荆州》、《探母》。本年国乐唱片公司灌片《二进宫》（吴素秋饰李艳妃、陈少霖饰杨波，王泉奎饰徐彦昭）。

1940年（民国二十九年）30岁

1月至4月，在北京搭班演戏。

1月4日，广德楼夜戏：

赵啸澜、陈少霖、时慧宝全部《穆桂英》。

1月11日，赵啸澜、陈少霖《乾坤福寿镜》。

1月13日，吉祥戏院：

陈少霖《定军山》，孟广亨《玉堂春》。

1月18日，开明戏院：

周瑞安《连环套》，小翠花、马富禄、陈少霖《翠屏山》。

1月22日，吉祥戏院：

孟广亨、陈少霖《龙凤呈祥》。

1月25日，广德楼：

赵啸澜、周瑞安、陈少霖、时慧宝全部《骊珠梦》。

2月3日，开明戏院：

小翠花、杨盛春、陈少霖、萧长华、马富禄（反串）《大溪皇庄》。

2月23日，陈少霖随程砚秋秋声社演出于山东济南、青岛，与程先生在济南北洋大戏院合作的戏有《红鬃烈马》、《王宝钏》、《朱痕记》、《柳迎春》等。

3月11日，到青岛，演于光陆大戏院。于月底返回北京。

3月30日，广德楼夜戏：

吴素秋、陈少霖《勇节白（玉楼）夫人》。

4月2日，三庆戏院夜戏：

陈少霖《搜孤救孤》，赵啸澜一至八本《乾坤福寿镜》。

4月3日，三庆戏院夜戏：

吴素秋、陈少霖、傅德威《纺棉花》、《人面桃花》。

4月5日，庆乐戏院：

赵啸澜、陈少霖、尚富霞《绿牡丹》、《拾玉镯》、《法门寺》。

4月11日，广德楼：

吴素秋、袁世海、陈少霖、傅德威《翠屏山》、《宝莲灯》（双出）。

4月12日，庆乐戏院夜戏：

赵啸澜、尚富霞、陈少霖、计砚芬全部《李翠莲》。

4月13日，广德楼：

吴素秋、陈少霖、傅德威《兰桥会》。

4月14日，长安戏院：

尚和玉、程继先、时慧宝（因病由陈少霖代演）、李寿山、萧长华《四平山》、《群英会》。

4月16日，三庆戏院：

赵啸澜（公主）、陈少霖（四郎）、周瑞安、尚富霞（杨宗保）、李世霖（六郎）、任志秋（四夫人）、林秋雯助演（萧太后）《探母回令》。

4月19日，庆乐戏院：

赵啸澜、陈少霖、尚富霞（宗保）、马履云（佘太君）全部《穆桂英》

（穆柯寨至大破天门阵止）。

6月28日，随毛世来赴沪，演出于黄金舞台。

演员阵容：毛世来、陈少霖、王仲臣、袁世海、贯盛习、詹世辅、艾世菊、芙蓉草、陈盛泰、小三麻子、刘斌昆、莜玲红、粉菊花。

陈少霖单演者有《失·空·斩》、《骂曹》、《捉放曹》、《打棍出箱》、《阳平关》、《连营寨》、《定军山》、《珠帘寨》、《奇冤报》、《卖马》、《搜孤救孤》、《八大锤》、《打渔杀家》、《碰碑》等16出。

与毛世来等合演的有《四郎探母》、《翠屏山》、《群英会》，反串《白水滩》、《蝴蝶梦》、《大劈棺》、《酸枣岭》、《刺巴杰》、《巴骆和》、1至4本《走麦城》、《穆桂英》。

1941年（民国三十年）31岁

随程砚秋秋声社去济南、青岛演出。

济南北洋大戏院：

2月17日，程砚秋、陈少霖、钟鸣岐《朱痕记》。

2月18日，陈少霖、钟鸣岐《八大锤》，程砚秋、张春彦《骂殿》，程砚秋《弓砚缘》。

2月19日，钟鸣岐《金雁桥》，陈少霖、慈少泉《打棍出箱》，程砚秋、顾珏荪、刘连荣《文姬归汉》。

2月20日，吴富琴、孙甫亭《胭脂虎》，钟鸣岐《恶虎村》，陈少霖《定军山》，程砚秋、顾珏荪、张春彦《玉堂春》。

2月21日，陈少霖、钟鸣岐《阳平关》，程砚秋、吴富琴、顾珏荪《锁麟囊》。

青岛剧社联合筹备募慈善基金特聘秋声社公演义务戏：

3月7日，钟鸣岐《赵家楼》，陈少霖《乌盆记》，程砚秋、张春彦、顾珏荪全部《红拂传》。

3月9日，张春彦、顾珏荪《状元谱》，钟鸣岐《恶虎村》，程砚秋《思凡》，程砚秋、陈少霖、刘连荣、曹二庚《宝莲灯》。

3月8日，钟鸣岐《金雁桥》，陈少霖、慈少泉《打棍出箱》，程砚秋、顾珏荪、刘连荣全部《文姬归汉》。

为孔庙筹款演于烟台丹桂舞台：

3月19日，钟鸣岐、刘连荣、陈世鼎全部《牛头山》，程砚秋、陈少霖、顾珏荪全部《王宝钏》。

3月20日，樊效臣、张少甫《打严嵩》，黄楚宝、邓丽华《打渔杀家》，陈少霖、钟鸣岐、陈世鼎《火烧连营》，程砚秋、刘连荣、顾珏荪、吴富琴全部《风流棒》。

3月23日，黄楚宝《天堂州》，程砚秋、陈少霖、钟鸣岐《朱痕记》。

3月30日，钟鸣岐《林冲夜奔》，陈少霖、刘连荣、苏盛贵《定军山·斩渊》，程砚秋、顾珏荪、吴富琴《鸳鸯冢》。

4月3日，陈少霖、钟鸣岐《八大锤·断臂说书》，程砚秋《文姬归汉》。

4月4日，钟鸣岐《四杰村》，陈少霖、慈少泉《洪羊洞》，程砚秋、张春彦《骂殿》，程砚秋《弓砚缘》。

4月5日，钟鸣岐《霸王庄》，陈少霖《搜孤救孤》，程砚秋《红拂传》。

8月，随新艳秋、金少山、姜妙香、周瑞安、马连昆、王福山、任志秋等去天津演出10天。

陈少霖参演的剧目有：《探母》、《红鬃烈马》、《贺后骂殿》、《御碑亭》、《朱痕记》、《宝莲灯》、《法门寺》等。

11月，在北京演出的情况如下：

11月11日，长安戏院：

陈少霖、刘砚亭《八大锤》，白云生、侯玉山、李凤云、魏庆林《佳期拷红》。

11月16日，吉祥戏院：

言慧珠、陈少霖《木兰从军》（梅剧团助演）。

11月，三庆戏院：

吴彦衡《挑华车》，南铁生、陈少霖、叶盛兰、林秋雯《探母》。

年内陈少霖三子陈志清出生。

1942年（民国三十一年）32岁

3月演于天津中国大戏院

演员阵容：程砚秋、陈少霖、钟鸣岐、顾珏荪、林秋雯、曹二庚、张春彦、钟喜久、李四广、沈金波、孙甫亭、吴富琴、苏连汉。

演出剧目如下：

3月25日，《花蝴蝶》、《定军山》、全部《碧玉簪》。

3月26日，《樊江关》、《八大锤》、全部《金锁记》。

3月27日，《文章会》、《林冲夜奔》、全部《柳迎春》。

3月28日，《浣花溪》、《火烧连营》、全部《青霜剑》。

3月29日，《恶虎村》、全部《四郎探母》。

阴历十月演出于天津北洋大戏院，为贡献冬至棉衣赈济演出两场。剧目为：

韩富信《战濮阳》，王泉奎、李盛泉《打龙袍》，陈少霖、裘世戎《捉放曹》，郑冰如、陈少霖、刘盛通《大战蒲关》。

方连元、陈世鼐、萧盛萱《樊江关》，韩富信、韩盛信、陈富瑞《五人义》，李盛泉、刘盛通《雪杯圆》，陈少霖、任志秋、钱富川《黑水国》，陈金彪、韩盛信、罗文奎《青石山》，郑冰如、陈少霖、王泉奎、陈盛泰、张艳芳、黄德宝《二进宫》。

本年胜利唱片公司灌片《断密涧》，金少山饰李密，陈少霖饰王伯党。

1943年（民国三十二年）33岁

1月4日，上海皇后大戏院：

金少山、刘宗杨、裘盛戎《双李逵》，金少山、陈少霖、裘盛戎、孙盛武《洪羊洞》，金少山、高维廉、李宝奎《忠孝全》。

1月15日，刘宗杨、高维廉、李砚秀、任志秋、崔熹云、裘盛戎、陈少霖、李宝奎、孙盛武、金少山全部《杨五郎》（双龙大会、血战沙滩、番邦招亲、五郎出家、托兆碰碑、五台山境、弟兄相会）。

1月18日，夜戏双出：

金少山、裘盛戎《孟良焦赞双盗骨》；反串《虮蜡庙》：高维廉（费德恭）、裘盛戎（黄天霸）、任志秋（金大力）、李砚秀（褚彪）、李凤翔（张桂兰）、李宝奎（朱光祖）、金少山（张妈）、陈少霖（费兴）。

4月下旬，天津中国大戏院：

主要演员：李玉茹、陈少霖、梁慧超、马富禄、李德彬、刘连荣、任志秋等。

此次天津演出陈少霖演出的剧目有《捉放曹》、《定军山》、《阳平关》、《翠屏山》（石秀）、《乌龙院》、《穆天王》、《大劈棺》、《骂曹》、《失街亭》等9出戏。

5月陈少霖随毛世来赴上海黄金大戏院演出。

主要演员有：毛世来、陈少霖、梁慧超、金少臣、朱盛富、裘世戎、慈少泉、艾世菊、高富全、张蝶芬、孙玉祥等。

陈少霖主演的剧目有《打侄上坟》、《断密涧》、《八大锤》、《奇冤报》、《失街亭》、《打棍出箱》、《洪羊洞》、《定军山》、《阳平关》、《骂曹》、《上天台》、《碰碑》、《鼎盛春秋》、《捉放曹》、《黄金台》、《搜孤救孤》16出。

与毛世来等合作的剧目有《探母回令》、《法门寺》、《群英会》、《大劈棺》、《翠屏山》、《借东风》6出戏。

8月23日，长安戏院：

赵燕侠、陈少霖《翠屏山》、《桑园会》（双出）。

11月15日，上海皇后大戏院：

主要演员有金少山、陈少霖、刘宗杨、李砚秀、李凤翔、孙盛武、高维廉、李宝奎、裘盛戎。演出剧目不详。

1944年（民国三十三年）34岁

4月，上海中国大戏院：

主要演员荀慧生、陈少霖、金仲仁、芙蓉草、荀令香、朱斌仙、安舒元、蒋少奎、孙甫亭、高盛麟、高雪樵、班世超、娄振奎、张宏奎、马盛龙、韩金奎、曹连孝等。

5月16日，荀慧生、陈少霖《汾河湾》，荀令香（头本饰夫人，二本饰丫鬟）、荀慧生（饰二本夫人）、金仲仁、朱斌仙、蒋少奎全部《瓦岗寨》。

5月19日，班世超《盗仙草》，高盛麟《艳阳楼》，荀令香、陈少霖《武家坡》，荀慧生、金仲仁《红娘》（每演必满）。

5月20日，高雪樵、班世超、韩云峰《大四杰村》，高盛麟《挑华车》，荀令香、陈少霖、芙蓉草《大登殿》，荀慧生《红娘》。

5月21日，高雪樵、韩云峰《伐子都》，荀令香、陈少霖、高盛麟、娄振奎、张宏奎、马盛龙、孙甫亭、何毓如、韩金奎全部《龙凤呈祥》。

5月24日，高雪樵《挑华车》，韩云峰《花蝴蝶》，荀慧生、陈少霖、朱斌仙、安舒元《一捧雪》（《审头刺汤》）。戏广告有“绝无仅有”四字。

1945年（民国三十四年）35岁

6月陈少霖做第二次挑班尝试，自立春阳社。

6月11日首次公演《失·空·斩》，配角有裘盛戎、孙盛武、刘砚亭、李世章等。

本年北京梨园公会改选，尚小云任理事长，陈少霖、沈玉斌任副理事长。

1946年（民国三十五年）36岁

3月20日，市立剧院（后改民主剧场，原为开明戏院）为北平伊斯兰工业学校、北平私立武训国民学校筹募基金义演。

金少臣《御果园》，陈永玲、詹世辅《小上坟》，侯喜瑞、马德成、贾松龄、艾世瑞《连环套》，陈少霖（前四郎）、张君秋（公主）、杨宝森（后四郎）、任志秋（太后）、叶盛兰（宗保）、李多奎（太君）、张春彦（六郎）、田玉林（四夫人）、萧长华、萧盛萱（国舅）《四郎探母》。

1947年（民国三十六年）37岁

2月，应邀任市立剧院剧务主任。当时剧院经理为王泊生，副经理于敬之，襄理奚啸伯，总务主任沈玉斌。陈少霖除致力于剧院业务演出安排之外，还要搭班演戏。

8 月 15 日，华乐戏院夜戏：

陈少霖《坐楼杀惜》，叶盛章《杨香武三盗九龙杯》。

8 月 16 日，长安戏院：

侯喜瑞、陈少霖《阳平关》，荀慧生、何佩华《花田错》，叶盛章、李少春、袁世海《盗御马·连环套》。

10 月 31 日，华乐戏院：

陈少霖《群臣宴》(《击鼓骂曹》)，李曼云《玉堂春》。

1948 年（民国三十七年）38 岁

北平解放前夕，市内停电，梨园行很多亲戚靠做小买卖为生。年内由东北园迁居棉花头条 11 号，该房是余慧清的房产。

年初孙盛文、耿世忠、叶荫章等人为复兴富连成做了努力。陈少霖也为此事提供市立剧院作为富社师兄弟练工、排戏、演出的场所。据说还成立了复兴富连成筹备委员会。因为时局动荡的影响，终未成功。

1949 年（39 岁）

据《新民报》3 月 1 日载称："东珠市口市立剧院已于昨日上午由文化接管委员会接管，仍恢复旧名为开明戏院，院务工作由原院务主任陈少霖继续负责。当时每月工资以几百斤小米计。后来因为出外演出多，不能兼顾剧院工作而辞职。

当年在京演出情况如下。

3 月 12 日，长安戏院：

马鸿麟《两将军》，陈少霖《骂曹》，荀慧生《红娘》。

3 月 16 日，华乐戏院剧目同 3 月 12 日。

3 月 19 日，长安戏院：

马鸿麟《白水滩》，陈少霖《八义图》，荀慧生全部《香罗带》。

3 月 25 日，庆乐戏院：

马鸿麟《武文华》，陈少霖《定军山》，荀慧生《红楼二尤》。

4 月 9 日，长安戏院：

陈少霖、马鸿麟《大阳平关》，荀慧生、尚富霞、贯盛吉、曹连孝、孙甫亭、王元芝、王秀雯、苏维明、张蝶芬、萧英翔全部《十三妹》。

4 月 26 日，长安戏院：

马鸿麟《两将军》，陈少霖《捉放曹》，荀慧生《红楼二尤》。

4 月 27 日，三庆戏院：

尚富霞、萧盛萱、田荣芬《穆柯寨》，林毓华、陈少霖《乌龙院》，孙毓堃《铁笼山》，陈少霖、林毓华《打渔杀家》（双出）。

4 月 29 日，剧目同 4 月 26 日。

4 月 30 日，长安戏院：

马鸿麟《白水滩》，陈少霖《定军山》，荀慧生《花田八错》。

5 月 3 日，三庆戏院：

孙毓堃《艳阳楼》，陈少霖、林毓华《红鬃烈马》。

5 月 10 日，三庆戏院：

林毓华、陈少霖《拾玉镯 · 法门寺》，孙毓堃《金钱豹》。

参加演出的还有：李元瑞、李世璋、贯盛吉、郭元汾、田荣芬、刘永利、于世文等。

5 月 18 日，天津中国大戏院：

荀慧生、陈少霖、侯永奎参加演出。荀派剧目有《红楼二尤》、《香罗带》、《钗头凤》、《平儿》等。

本年陈少霖之女陈玉薇出生。

1950 年（40 岁）

4 月，陈少霖、郭韵蓉、李元春、李韵秋、陈富瑞等组成共和班、，在天津、青岛等地演出半年。

5 月在山东青岛市为侄女陈玉蓉与郭韵蓉举办了结婚典礼。

6 月 7 日，天津中国大戏院：

吴素秋、马富禄、陈少霖、傅德威演出《新大劈棺》、《连营寨》、《新纺棉花》等戏。

10月21日至23日，天津群英戏院：

主要演员有郭韵蓉、陈少霖、袁世涌、袁金凯、宋德珠、钳韵宏、景荣庆、冯玉增、朱玉良、孙玉祥等，演出特点是名角多、戏码硬、票价低。

11月5日，天津新华戏院：

宋德珠、袁金凯、袁世涌、陈少霖、郭韵蓉演出《四郎探母》、《法门寺》、《群英会·借东风》、《乌龙院》等。

12月25日，天津中国大戏院：

毛世来、陈少霖、杨盛春、叶盛兰《翠屏山》、《失·空·斩》、《酸枣岭·刺巴杰·巴骆和》、《骂曹》、《玉堂春》、《吕布与貂蝉》。

1951年（41岁）

4月20日，民主剧场：

毛世来、陈少霖、孙盛文、孙毓堃《群英会·借东风》，毛世来、陈少霖、孙毓堃、李德彬、张蝶芬全部《樊梨花》。

4月25日，大众剧场：

米玉文《挑华车》，陈少霖、王泉奎《失街亭·空城计》，杜近芳、徐和才、萧盛萱《女起解·玉堂春》。

4月26日，长安戏院：

徐元珊《英雄义》，陈少霖、王泉奎、王玉蓉全部《李艳妃》。

5月7日，长安戏院：

米玉文、刘砚亭《两威将军》，陈少霖、杜秋雯《打渔杀家》，杜近芳、王泉奎《霸王别姬》。

4月，经北京市文教局批准成立北京市私立艺培戏校董事会。梅兰芳任董事长，郝寿臣、沈玉斌任副董事长，萧长华、王瑶卿任咨询董事。

董事成员有谭小培、贯大元、李春林、刘砚亭、侯喜瑞、姚玉芙、程砚秋、荀慧生、尚小云、于连泉、马连良、谭富英、李少春、姜妙香、叶盛章、叶盛兰、李盛藻、裘盛戎、李万春、孙甫亭、乔玉林、杨宝森、于永利、薛长发、祁成宝、袁世海、张君秋、吴素秋、梁小鸾、李桂云、赵燕侠、徐东明、陈少霖、梁益鸣以及史若虚、王松生、王颉竹等共37位。作为董事会成员陈少霖积极协助建校迁坟事。

7月，陈少霖随赵燕侠、储金鹏到山东青岛演出20天。

本年冬又随赵燕侠赴汉口演出。曾在当地见到了张君秋，提及今后有机会一起合作演出。

1952年（42岁）

4月24日，北京联谊（有的戏广告称京联）京剧团成立。张君秋任团长，陈少霖任副团长。主要演员有：朱金琴、李四广、吕长福、孙甫亭、郭元汾、高维廉、张金梁、张春彦、樊富顺、蒋世英、冀韵兰、谭世英等。

5月20日—6月8日，赴天津中国大戏院演出。

陈少霖主演的戏有《定军山》、《辕门斩子》、《失·空·斩》、《搜孤救孤》、《打棍出箱》、《伍子胥》、《群英会·借东风》、《骂曹》、《甘露寺》、《雪杯圆》等。

陈少霖与张君秋合演的戏有《朱痕记》、《大·探·二》、《银屏公主》、《龙凤呈祥》等。

6月，去山东青岛、维县。

8月，返京演出。

9月，改名为北京市京剧三团，属民营公助性质，主管部门向剧团派了政治辅导员，初为佟志贤后改为高乐春。

10月，去石家庄、衡水演出。

11月—12月，在北京演出。

1953年（43岁）

10月北京市京剧三团于上海人民大舞台演出。

10月10日，陈少霖《辕门斩子》，张君秋、高维廉、李四广《女起解·玉堂春》。

10月11日，冀韵兰《摇钱树》，陈少霖《骂曹》，张君秋、高维廉《凤还巢》。

10月12日，陈少霖《失·空·斩》，张君秋、高维廉《金山寺·断桥会·雷峰塔》。

10月13日，张君秋、刘连荣《霸王别姬》。

10月14日，陈少霖《辕门斩子》，张君秋、高维廉、李四广《女起解·玉堂春》。

10月15日冀韵兰《百草山》，陈少霖《搜孤救孤》，张君秋、高维廉《生死恨》。

10月16日，陈少霖《失·空·斩》，张君秋、高维廉《金山寺·断桥会·雷峰塔》。

10月17日，冀韵兰《杨排风》，陈少霖《阳平关》，张君秋、高维廉、李四广《孔雀东南飞》。

10月18日，白天《巴骆和》，陈少霖《甘露寺》；夜场张君秋、刘连荣、高维廉《宇宙锋》。

10月19日，冀韵兰《摇钱树》，陈少霖《清官册》，张君秋、李四广《窦娥》。

10月20日，陈少霖《失·空·斩》，张君秋、高维廉《金山寺·断桥会·雷峰塔》。

10月21日，冀韵兰《摇钱树》，陈少霖《骂曹》，张君秋、高维廉《凤还巢》。

10月22日，冀韵兰《盗银库》，陈少霖《定军山》，张君秋、高维廉《生死恨》。

10月23日，冀韵兰《盗仙草》，陈少霖《打棍出箱》，张君秋、刘连荣《霸王别姬》。

10月24日，张君秋、高维廉、陈少霖、李四广《怜香伴》。

10月25日，白天冀韵兰《英杰烈》，张君秋全部《贺后》。

10月27—31日，连演《怜香伴》。

11月1日，日场冀韵兰《盗仙草》，陈少霖《琼林宴》；夜场陈少霖《失·空·斩》，张君秋、高维廉《金山寺·断桥会·雷峰塔》。

11 月 2 日，张君秋《汉明妃》。

11 月 3 日，高维廉《射戟》，冀韵兰《取金陵》，张君秋、陈少霖《银屏公主》。

11 月 4 日，《穆柯寨》、《穆天王》，张君秋《汉明妃》。

11 月 5 日，冀韵兰《杨排风》，张君秋、陈少霖、李四广《朱痕记》。

11 月 6 日，陈少霖《失·空·斩》，张君秋、高维廉、李四广《女起解·玉堂春》。

11 月 7 日，冀韵兰《杨排风》，陈少霖《阳平关》，张君秋、高维廉、李四广《孔雀东南飞》。

11 月 8 日，日场《凤还巢》，夜戏《窦娥》。

11 月 9 日，陈少霖《法门寺》，张君秋《十三妹》。

11 月 10—13 日，张君秋、高维廉《南山化蝶》。

11 月 14 日白天，冀韵兰《百草山》，张君秋、陈少霖、李四广《朱痕记》。

11 月 15 日，冀韵兰《杨排风》，陈少霖《捉放曹》，张君秋、高维廉、李四广《孔雀东南飞》。日场演出与 11 月 14 日同。

11 月 16 日，陈少霖《失·空·斩》，张君秋、高维廉《金山寺·断桥会·雷峰塔》。

11 月 17 日，冀韵兰《摇钱树》，陈少霖《打棍出箱》，张君秋、刘连荣《霸王别姬》。

11 月 19 日，冀韵兰《百草山》，陈少霖《辕门斩子》，张君秋、高维廉、李四广《女起解·玉堂春》。（上海演出最后一场）

本年末高维廉脱离北京市京剧三团。

经陈少霖介绍姜妙香弟子刘雪涛与张君秋正式合作。

本年陈少霖第四子陈志忠出生。

1954 年（44 岁）

北京市京剧三团演员阵容：朱金琴、李四广、耿世华、袁世涌、郝庆海、陈少霖、张君秋、刘雪涛、张春彦、慈永胜、钮荣亮、冀韵兰、刘连荣。

本年1—5月、8—12月在北京演出。6月到沈阳市演出于沈阳市人民剧院（29场）；7月上半月演出于长春大众艺园（12场）；7月14日赴哈尔滨演出于劳动人民文化宫（16场），至8月2日返回北京。

本年由陈少霖主演的戏有《辕门斩子》（35次），《骂曹》（26次），《失·空·斩》（23次），《捉放曹》、《打棍出箱》、《搜孤救孤》（各7次），《黄金台》（6次），《甘露寺》、《开山府》、《借东风》、《开山府》（各1次）。外地演出因原始记录不全，故统计数字未计在内。

陈少霖与张君秋等人合演的戏有《怜香伴》（30次），《金水桥》（12次），《红鬃烈马》、《金水桥》（《银屏公主》（各12次），《南山化蝶》（8次），《朱痕记》（6次），《宝莲灯》（3次），《三击掌》、《二进宫》（各2次），《龙凤呈祥》、《群英会》（各1次）。

本年其他演出活动：

4月5日，在中央人民广播电台灌唱片《玉堂春》，主要演员有张君秋、刘雪涛、陈少霖、朱金琴。

11月26日，长安戏院北京市第一届戏曲观摩演出：

北京市京剧三团演出：冀韵兰《杨排风》，陈少霖《打鼓骂曹》，张君秋、刘雪涛、李四广《孔雀东南飞》。前两出为展览节目。主办单位是北京市文化事业管理处。陈少霖荣获展览演出三等奖。

12月31日，北京市京剧三团赴天津中国大戏院演出。

本年内东四隆福寺个体商人何贵拜陈少霖为师学戏。

1955年（45岁）

本年陈少霖主演的戏有《失·空·斩》（19次），《辕门斩子》（9次），《搜救孤》（7次），《打棍出箱》（6次），《骂曹》（5次），《八大锤》、《黄金台》、《开山府》（各4次），《卖马》、《捉放曹》、《群英会》、《法门寺》（各1次）。

陈少霖与张君秋等人合演的剧目有：《金水桥》（13次），《怜香伴》

（19 次），《彩楼记》（39 次），《南山化蝶》（4 次），《二进宫》（3 次），《朱痕记》（1 次）。其中《彩楼记》为本年创排新戏，故演出次数最多。

2 月 16 日，苏州开明戏院：

陈少霖演出《群英会·借东风》时，曾请当地名票孙履安先生看戏，孙先生看完戏评论说："1955 年陈少霖随张君秋来苏州演出，嗓子大好，行头、动作皆守旧规，不久或可破壁飞去。"

年内去外地演出较多：1 月在天津中国大戏院演出半个月；1 月 20 日赴武汉汉口人民剧院演出；2 月 16 日赴苏州演于开明戏院；3 月 6 日演出于上海人民大舞台；3 月 22 日演出于无锡大会堂；4 月 2 日演出于南京中华剧场；4 月 12 日演出于山东济南山东剧院；7 月 2 日演出于大连大众京剧院；7 月 22 日演出于鞍山。年内在上海演出时《怜香伴》曾做现场录音。

12 月 13 日，老戏新排《姜秋莲》在北京民主剧场首演，主演有张君秋、陈少霖、刘雪涛、耿世华、李四广。

本年中国唱片公司灌唱片《玉堂春》，张君秋饰苏三，刘雪涛饰王金龙，陈少霖饰刘秉义，朱金琴饰潘必正。

1956 年（46 岁）

2 月至 4 月，北京市京剧三团参加第三次赴朝慰问团。团长是危秀英（是红军女战士）。在朝鲜慰问期间，以兵团为单位，几乎每天都有演出。

3 月，陈少霖被选为前门区政协委员。前门区撤销后，继任宣武区政协委员。

4—6 月，在北京演出。

7—8 月中旬，赴唐山、沈阳、抚顺等地演出。

9 月初陈少霖参加北京市京剧工作者联合会的纪念演出。在《四郎探母》中，由李和曾、陈少霖、奚啸伯、谭富英、马连良分饰杨延辉（详见当年演出戏单）。

9 月 19 日—10 月 18 日，赴南京、上海演出。根据陈少霖当时记录，

9 月 19 日—10 月 8 日南京中华剧场演出：

9 月 19 日，《失 · 空 · 斩》（1.60 元／分）；

9 月 20 日，《骂曹》（1.00 元／分）；

9 月 21 日，《王宝钏》（1.60 元／分）；

9 月 22 日，《辕门斩子》（1.70 元／分）；

9 月 23 日，《探母》（1.40 元／分）；

9 月 24 日，《捉放曹》（1.20 元／分）；

9 月 25 日，《王宝钏》（0.80 元／分）；

9 月 26 日，《怜香伴》（0.80 元／分）；

9 月 27 日，《失 · 空 · 斩》（1.50 元／分）；

9 月 28 日，《姜秋莲》（1.00 元／分）；

9 月 29 日，《捉放曹》（1.60 元／分）；

9 月 30 日，日场《卖马》、《彩楼记》（1.60 元／分）夜场《失·空·斩》（1.60 元／分）；

10 月 1 日，包场《探母》（1.50 元／分）；夜场《御碑亭》（1.70 元／分）；

10 月 2 日，《搜孤救孤》（1.40 元／分）；

10 月 3 日，《定军山》（1.10 元／分）；

10 月 4 日，《失 · 空 · 斩》（1.60 元／分）；

10 月 5 日，《姜秋莲》（0.80 元／分）；

10 月 6 日，《王宝钏》；

10 月 7 日，《骂曹》（两场）；

10 月 8 日，《探母》。

以上记录未能反映全部演出，但可以说明北京市京剧三团演员按分数计收入的情况：张君秋挣 60 分，如以 1.50 元／分计算则每场演出可收入 90 元；陈少霖每场挣 20 分，则可收入 30 元。

12 月 30 日，北京市京剧三团并入北京京剧团，该团成为民间职业剧团演员阵容最强的一个。剧团著名演员有马连良、谭富英、张君秋、裘盛戎、李多奎、高宝贤、李毓芳、李世济等100多人。

并团以后办公地点在北京剧场。陈少霖担任办公室主任，兼职，不能影响平时营业戏的演出。

本年演出，有《银屏公主》现场录音，张君秋饰银屏公主，陈少霖饰李世民，耿世华饰长孙皇后，朱金琴饰秦怀玉，郝庆海饰秦英，任志秋饰詹妃。现场录音《朱痕记》张君秋饰赵锦棠，陈少霖饰朱春登，耿世华饰朱母，刘雪涛饰朱春科，郝庆海饰李仁，李四广饰宋氏。现场录音《三击掌》张君秋饰王宝钏，陈少霖饰王允。

1957年（47岁）

北京京剧团合团纪念演出。

1月1日，长安日场：

马盛龙、张洪祥《古城会》，翟韵奎《三岔口》，李世济、陈少霖、谭元寿《红鬃烈马》。

1月6日，长安日场：

赵丽秋、闵兆华、钮荣亮《拾玉镯》，杨盛春、刘庆义《林冲夜奔》，陈少霖、周和桐、郭和咏、慈永胜《失·空·斩》。

1月13日，广和夜场：

谭元寿、陆洪瑞《白水滩》，陈少霖、李多奎《雪杯圆》，张君秋《望江亭》。

1月16日，马盛龙、郝庆海《古城会》，陈少霖、张洪祥、耿世华、马艳芬《辕门斩子》，张君秋、李四广、刘雪涛、朱金琴《女起解·玉堂春》。

1月25日，长安：

杨盛春《师生反目》，李世济《祭塔》，陈少霖、郝庆海《骂曹》，裘盛戎《姚期》。

1月27日，中和戏院：

日场：谭元寿《白水滩》，陈少霖《定军山》，张君秋《望江亭》。

夜场：杨盛春《状元印》，茹富华《岳家庄》，李世济、陈少霖、刘雪涛、郭和咏、任志秋、慈永胜、何盛清《红鬃烈马》。

1月28日，中和戏院：

杨盛春、刘永利《武文华》，陈少霖、郝庆海《辕门斩子》，张君秋、裘盛戎、刘雪涛、郭和咏、李四广、钮荣亮《霸王别姬》。

1月31日，中和戏院：

日场：慈少泉《演礼》，贾荣年《三岔口》，李世济、陈少霖《红鬃烈马》。

夜场：朱嫱《望儿楼》，陈少霖《黄金台》，张君秋《凤还巢》。

2月4日，北京剧场：

郝庆海《御果园》，陈少霖《定军山》，谭元寿、张洪祥、赵丽秋、翟韵奎《酸枣岭 · 刺巴杰 · 巴骆和》。

2月12日，北京剧场：

杨盛春、刘永利《武文华》，朱嫱《望儿楼》，赵丽秋、闵兆华、李四广《拾玉镯》，陈少霖、张洪祥、李四广、郭和咏、郝庆海、周少安《失 · 空 · 斩》。

2月14日，圆恩寺影剧院：

杨盛春、刘庆义《少年立志》，陈少霖、郝庆海、郭和诚《骂曹》，裘盛戎、马长礼、张洪祥《姚期》。

2月21日，中和戏院：

杨盛春《艳阳楼》，刘雪涛《连升店》，张君秋、陈少霖、李多奎、李四广《银屏公主》。

2月23日，中和戏院：

慈少泉、任志秋《背凳》，陈少霖、耿世华《辕门斩子》，黄元庆《雁荡山》，裘盛戎、马长礼、郝庆海《白良关 · 父子会》。

2月24日，北京剧场夜场：

陈少霖《骂曹》，裘盛戎、李多奎《打龙袍》。

2月29日，北京剧场：

陈少霖、杨盛春、周和桐《阳平关》，张君秋、刘雪涛、李四广、耿世华《望江亭》。

春节期间北京市前门区政协举办拥军优属演出，由陈少霖协助安排演出事：赵汉卿、鲁仲萱、鲁秀萱《黄鹤楼》，王雅兰（侯宝林夫人）《拾玉镯》，赵贯一、赵世良、赵振华、鲁叔萱、陈志清《洪羊洞》。由杭子和司鼓，曹鸿钧操琴，高文静月琴，李善卿三弦。

3月10日，长安戏院：

大轴裘盛戎、陈少霖、赵丽秋、闵兆华、高宝贤《双投唐·断密涧》。

3月12日，圆恩寺影剧院：

大轴陈少霖、张洪祥、郝庆海、高宝贤、李盛芳、慈少泉《失·空·斩》。

3月19日，吉祥戏院：

倒第二，陈少霖、杨盛春《阳平关》。

3月26日，北京剧场夜戏：

慈少泉《请医》，谭元寿《白水滩》，陈少霖、张洪祥、郝庆海、何盛清《辕门斩子》，大轴裘盛戎、李多奎《包龙图铡美案》。

3月31日，北京剧场日场：

翟韵奎《偷鸡》，李世济、陈少霖、何盛清、周少安、郝庆海、闵兆华、李盛芳、罗世保、马艳芬、高宝贤《红鬃烈马》（大轴）。

4月2日，广和剧场夜戏：

第四出陈少霖、郝庆海、李盛芳《打严嵩》，李世济、张洪祥、陈少霖《二进宫》。

4月7日，北京剧场夜戏：

大轴谭富英、裘盛戎、谭元寿、陈少霖、慈少泉、李多奎、张洪祥、李盛芳、李世济、高宝贤、闵兆华、马长礼《甘露寺·美人计·回荆州》。

4月10日，圆恩寺影剧院：

谭元寿、高宝贤、罗世保、于元龙、李盛芳、郝庆海、刘永利、张洪祥、陈少霖《定军山·阳平关》，大轴李世济、慈少泉《女起解》。

4月12日，长安戏院夜戏：

裘盛戎、陈少霖、马长礼、郝庆海、李盛芳、张福昆《鱼藏剑·刺王僚》（大轴）。

4 月 16 日，中和戏院夜戏：

张少武《白水滩》，李世济、陈少霖、郝庆海、马艳芬《红鬃烈马》。

4 月 18 日，长安戏院，剧目同 4 月 16 日。

5 月 2 日，吉祥戏院日场：

第三出陈少霖《骂曹》，大轴裘盛戎、李多奎《打龙袍》。

5 月 3 日，广和剧场：

第三出李世济、陈少霖《桑园会》，大轴裘盛戎《姚期》。

演出后去汉口、上海，在上海参加李多奎收香港弟子张语凡女士的隆重仪式。

本年在上海演出《姚期》，有现场录音，裘盛戎饰姚期，陈少霖饰刘秀，赵丽秋饰郭妃。

1958 年（48 岁）

本年主要在北京演出。

1 月 5 日，北京剧场：

大轴陈少霖、李世济、郝庆海、闵兆华、高宝贤、马艳芬、蒋元荣、谭元寿、何盛清《红鬃烈马》。

1 月 6 日，大轴李世济、陈少霖、郝庆海《大保国·探皇陵·二进宫》。

1 月 7 日，大轴陈少霖、李世济、何盛清《桑园会》。

1 月 11 日，宣武工人俱乐部：

谭元寿、刘永利、高宝贤、翟韵奎、郝庆海、黄元庆、张福昆、闵兆华、陈志忠、陈少霖《走麦城·连营寨》，大轴李世济、慈少泉《女起解》。

1 月 19 日，圆恩寺影剧院：

大轴陈少霖、李世济《红鬃烈马》。

1 月 22 日，西单工人俱乐部：

大轴李世济、陈少霖、郝庆海《大保国 · 探皇陵 · 二进宫》。

3月14日，鼓楼剧场：

第二出陈少霖《辕门斩子》，大轴黄元庆《闹天宫》。

3月17日，华北戏院：

陈少霖、黄元庆、杨盛春、马崇仁《走麦城·连营寨》。

6月北京京剧团赴上海演出。后又到山东济南演出。秋季到天津演出。

1958年12月，党的八届六中全会在上海召开。李世济、陈少霖等10多人，以小分队的形式，在休会期间为代表演唱京剧选段。

1959年（49岁）

本年陈少霖以在北京演出为主。

1月2日，东城工人俱乐部：

张滨江《战马超》，陈少霖、李毓芳《红鬃烈马》。

1月4日，中和戏院：

大轴陈少霖、马盛龙、张洪祥、周和桐、叶德霖、陆洪瑞《失·空·斩》。

1月9日，广和剧场：

大轴陈少霖、李多奎、谭元寿、李毓芳《龙凤呈祥》。

1月13日，北京工人俱乐部：

陈少霖、周和桐《搜孤救孤》，小王玉蓉、马富禄《大英杰烈》。

1月14日，长安戏院：

黄元庆《三岔口》，陈少霖、李多奎、李毓芳《红鬃烈马》。

1月19日，天桥剧场：

大轴张君秋、李四广、刘雪涛、陈少霖、朱金琴《女起解·玉堂春》，陈少霖配演蓝袍刘秉义。

1月23日，吉祥戏院：

黄元庆《狮子楼》，李多奎、陈少霖《雪杯圆》，张君秋、刘雪涛、耿世华《望江亭》。

1月24日，中和戏院：

大轴裘盛戎、李世济、李多奎、陈少霖《秦香莲》。

1月30日，广和剧场：

陈少霖、张滨江、郝庆海《阳平关》，张君秋、刘雪涛《望江亭》。

2月1日，广和剧场日场：

大轴陈少霖、李多奎、李毓芳《红鬃烈马》。

2月1日，北京市工人俱乐部夜场：

陈少霖、郝庆海《辕门斩子》，张君秋、刘雪涛《望江亭》。

2月13日，中和戏院：

张少武《艳阳楼》，张君秋、陈少霖、李多奎《四郎探母》。

2月14日，吉祥戏院：

谭元寿《白水滩》，张君秋、陈少霖、李多奎《四郎探母》。

2月15日，长安戏院：

大轴张君秋、任志秋、陈少霖、慈永胜、刘雪涛、李四广《姜秋莲》。

3月9日至3月11日，由中国戏剧家协会、中国戏曲研究院主办纪念程砚秋逝世一周年演出（均在人民剧场）：

3月9日，李和曾、江新蓉《武家坡》，李蔷华、高维廉《春闺梦》；

3月10日，侯玉兰《汾河湾》，李世济《锁麟囊》；

3月11日，李世济、陈少霖《英台抗婚》，赵荣琛《荒山泪》。

演出结束后，李先念等领导同志接见并合影。

后又在广和剧场由赵荣琛、陈少霖合演《汾河湾》。

5月6日，广和剧场：

大轴裘盛戎、陈少霖、高宝贤、郝庆海《鱼肠剑 · 刺王僚》。

5月10日，长安戏院：

陈少霖《辕门斩子》，张君秋、刘雪涛《金山寺·断桥会·雷峰塔》。

5月11日，中和戏院：

大轴李毓芳、陈少霖《龙凤呈祥》。

5月18日，吉祥戏院：

大轴张君秋、刘雪涛、陈少霖《怜香伴》。

5月21日，广和剧场：

张滨江《白水滩》，李毓芳、陈少霖《龙凤呈祥》。

5月24日，中山公园音乐堂：

大轴张君秋、李多奎、陈少霖、李宝贤、任志秋、李四广、刘雪涛、钮荣亮、马艳芬《四郎探母》。

5月26日，长安戏院：

大轴张君秋、陈少霖、刘雪涛《评雪辨踪》。

7月12日，民主剧场：

大轴张君秋、陈少霖、刘雪涛《彩楼记》。

7月5日，劳动剧场：

黄元庆《战马超》，张君秋、陈少霖《红鬃烈马》。

7月25日，长安戏院：

大轴裘盛戎、李多奎、陈少霖、李世济、赵丽秋《包龙图铡美案》。

7月27—28日，大轴李毓芳、小王玉蓉（公主），陈少霖、马长礼（四郎），赵丽秋（萧太后），马艳芬（四夫人），李多奎（佘太君），全部《四郎探母》。（原始记录无演出地点）

8月12日，陈少霖、任志秋、张洪祥、李四广在北京鸿宾楼收徒弟。请客时梅兰芳、小翠花、萧长华、荀慧生、李多奎、张君秋、马连良等参加收徒仪式并合影留念。

陈少霖收徒林永生、李世明。林永生后因嗓子变化改业，李世明为风雷京剧团老生演员，后来改唱小生。

本年8月—11月继续在北京演出。

8月9日，丰台剧场：

黄元庆《武松打店》，张君秋、陈少霖、李多奎《红鬃烈马》。

8月11日，中山公园音乐堂：

陈少霖（前四郎）、谭富英（中四郎）、马连良（后四郎）、张君秋（公主）、李多奎（佘太君）、任志秋（萧太后）、李毓芳（四夫人）、马富禄、李四广（二位国舅）《四郎探母》。

9月13日，北京剧场：

大轴谭元寿、李多奎、陈少霖、李毓芳《龙凤呈祥》。

9 月 15 日，广和剧场：

陈少霖《阳平关》，张君秋、刘雪涛、李四广《刘兰芝》。

10 月 7 日，广和剧场：

第二出赵荣琛、陈少霖《汾河湾》，大轴马连良、马富禄、张洪祥、周和桐、马长礼《淮河营》。

10 月 9 日，五道口剧场：

大轴李世济、刘雪涛、陈少霖《英台抗婚》。

10 月 17 日，民族文化宫剧场：

谭富英、张君秋、陈少霖、张洪祥、慈少泉、刘雪涛、李四广、高宝贤、小王玉蓉、陆洪瑞新排首演《楚宫恨》。

以后 10 月 9 日、21 日、22 日、26 日、30 日，11 月 2 日、15 日、20 日、22 日，分别在北京工人俱乐部、长安戏院、吉祥戏院、圆恩寺影剧院、冶金部礼堂演出《楚宫恨》9 场。

11 月 24 日，中和戏院：

大轴李毓芳、陈少霖《红鬃烈马》。

年底北京京剧团正式改为国营剧团，每年向国家上交 20—30 万元。

本年陈少霖与李世济合演《三击掌》，有现场录音。李世济饰王宝钏，陈少霖饰王允。年内曾多次去中南海为中央领导演出清唱节目。

1960 年（50 岁）

2 月 29 日，长安戏院首次公演新戏《状元媒》。主要演员有马连良、谭富英、张君秋、刘雪涛、李多奎、陈少霖、黄元庆、郝庆海。

3 月 6 日，到达广州演出，先演两场招待当地党、政、军和文艺界朋友。

3 月 11 日，正式营业演出于广州文化公园文娱剧场。

3 月 13 日，黄元庆、贾荣年《武松打店》，张君秋、陈少霖、刘雪涛、高宝贤《红鬃烈马》。

3 月 15 日，黄元庆《武松打店》，马长礼、郝庆海《空城计》，张君秋、刘雪涛、陈少霖、朱金琴《女起解 · 玉堂春》。

3 月 18 日，张君秋、陈少霖、刘雪涛、黄元庆、李多奎、马长礼、郝庆海、高宝贤《状元媒》。

3 月 19 日，黄元庆、张滨江《狮子楼》，李多奎、陈少霖《望儿楼》，张君秋、刘雪涛、高宝贤《凤还巢》。

3 月 20 日，《打店》、《红鬃烈马》，演员同 3 月 13 日。

3 月 21 日，演于广州铁路剧场，剧目《状元媒》。

3 月 22 日，《望江亭》。

本年春节北京京剧团演员与家属大联欢，地点在北京市工人俱乐部，全体演员反串《虮蜡庙》等精彩节目，有另文详作介绍。

4 月陈少霖正式加入中国戏剧家协会，会员证号 2428。

6 月 2 日，北京京剧团赴天津演出于中国大戏院、第一工人文化宫等处。陈少霖随团前往。

10 月—11 月，在北京演出。

10 月 8 日，吉祥戏院：

陈少霖、李毓芳、李多奎、小王玉蓉、周和桐、茹富华、慈少泉、高宝贤《红鬃烈马》。

10 月 16 日，北京市工人俱乐部：

张少武、张韵斌《白水滩》，马富禄、刘雪涛《连升店》，张君秋、陈少霖、李多奎、李毓芳、郝庆海、李四广、朱金琴《银屏公主》。

10 月 21 日，民族宫礼堂：

大轴裘盛戎、陈少霖、张洪祥、赵丽秋、马盛龙《姚期》。

10 月 22 日，长安戏院：

张君秋、刘雪涛、陈少霖、周少安、李四广《女起解 · 玉堂春》，谭富英、李世济、马富禄、谭元寿、张洪祥《晋楚交兵》。

10 月 23 日，三里河经济委员会礼堂：

张君秋、陈少霖、李多奎、马长礼、黄元庆、高宝贤、刘雪涛、张洪祥、郝庆海《状元媒》。

10 月 26 日，北京市工人俱乐部：

大轴李世济、陈少霖、慈少泉、关小燕《英台抗婚》。

10 月 30 日，长安戏院：

陈少霖、李世济、高宝贤、张滨江《龙凤呈祥》。

11 月 3 日，吉祥戏院：

裘盛戎、陈少霖、李毓芳、李多奎、赵丽秋《包龙图铡美案》。

11 月 6 日，北京市工人俱乐部：

谭富英、张君秋、陈少霖、张洪祥、小王玉蓉、刘雪涛《楚宫恨》。本年在京演出时该剧曾全出录音。谭富英饰伍员，张君秋饰马昭仪，刘雪涛饰太子建，陈少霖饰伍奢，张洪祥饰楚平王，高宝贤饰伍尚，赵丽秋饰孟嬴公主。

本年北京市建筑设计院工程师宋家骐向陈少霖先生学戏。

1961 年（51 岁）

3 月北京京剧团赴津短期演出。

3 月 18 日—19 日，第一工人文化宫演出：

张君秋、陈少霖、刘雪涛、李四广、钮荣亮、闵兆华《诗文会》。

3 月 25—27 日，马连良、谭富英、裘盛戎、茹富华、周和桐、马富禄、陈少霖、张世祥《赤壁之战》。

3 月 28 日，返京。

1962 年（52 岁）

1—2 月主要在北京演出。

1 月 7 日，广和剧场：

陈少霖、周和桐《骂曹》，赵燕侠、马富禄、徐韵昌头二本《虹霓关》。

1 月 13 日，广和剧场：

大轴张君秋、陈少霖、刘雪涛、李四广、钮荣亮、闵兆华《诗文会》。

1 月 23 日，长安戏院：

大轴陈少霖、李毓芳、宋丹菊、张少舫、闵兆华、周和桐、郭元祥、周少安《红鬃烈马》。

2月7日，广和剧院白天：

杨少春《卧虎沟》，陈少霖《骂曹》，赵燕侠《辛安驿》。

2月9日，圆恩寺影剧院：

大轴裘盛戎、陈少霖、李世济、赵丽秋、何盛清《铡美案》。

2月11日，丰台影剧院：

杨盛春、程长松《三岔口》，陈少霖、郝庆海《骂曹》，李世济《玉堂春》。

2月16日，广和剧场：

倒第二陈少霖、李世济《三击掌》，谭元寿、郝庆海、赵丽秋、李淑玉、徐韵昌、钮荣亮《战太平》。

2月20日，人民剧场：

张君秋、陈少霖、马长礼、张滨江、高宝贤、刘雪涛、郝庆海、张洪祥《状元媒》。

2月25日，北京展览馆：

大轴裘盛戎、陈少霖、赵丽秋、茹富华、周和桐、马盛龙《打庞吉·打銮驾》。

2月27日，薛亚萍拜张君秋为师学艺，陈少霖为介绍人，在北京大北照相馆合影留念。

3月6日—4月18日，张君秋、陈少霖率小分队到武汉演出于武汉京剧院。一同前去的演职人员还有刘雪涛、李四广、耿世华、朱金琴、钮荣亮、吕长福、赵文瑜、张似云、何顺信等20多人。与此同时，武汉京剧院由高盛麟率小分队来北京演出。此即“走马换将”。

3月6日、9日，《望江亭》。

3月7日、10日，《盗仙草》、《红鬃烈马》。

3月11日，《过五关》、《女起解·玉堂春》。

3月14日，《清风寨》、《四郎探母》。

3月17日—18日，《连营寨》、《诗文会》。

4月14日，《白水滩》、《银屏公主》。

4月15日，《诗文会》。

4月17日，《快活林》、《玉堂春》。

4月18日，《白马坡》、《凤还巢》。

4月27日，《战马超》、《四郎探母》。

4月28日，《女起解·玉堂春》。

4月30日，《红鬃烈马》。

4月31日，《诗文会》。

5月17日—6月13日，北京京剧团赴天津公演。

5月23日—24日，天津中国戏院、第一工人文化宫演出。

张君秋、马长礼、高宝贤、谭元寿、刘雪涛、郝庆海、张洪祥、陈少霖《状元媒》。

5月27日，中国大戏院：

张君秋、李四广、刘雪涛、陈少霖（配演刘秉义）、朱金琴《女起解·玉堂春》。

5月30日，中国大戏院：

张君秋、陈少霖、刘雪涛、李四广、钮荣亮、闵兆华《诗文会》。

5月31日，八一礼堂演出，剧目同5月30日。

6月10日，天津第一工人文化宫白天：

马长礼、李毓芳、高宝贤、陈少霖《探母回令》。

此次天津演出有马连良、裘盛戎、赵燕侠等。这是陈少霖逝世前最后一次赴津演出。

6月23日，北京市工人俱乐部：

大轴陈少霖、李毓芳、宋丹菊、张少舫、杨世桢、闵兆华《红鬃烈马》。这是陈少霖最后一次登台演出。

因陈少霖于演出后发现痰中带血，先入宣武医院诊断，怀疑食道下三分之一处有肿瘤。

7月12日，入阜外医院，由胸外科专家吴英凯大夫做食道肿瘤切除术。术后居家疗养。

年初山东省商河京剧团女老生葛正良拜陈少霖为师学戏，陈少霖因病转请王瑞芝、宋继亭等给她说戏。

1967 年（57 岁）

肿瘤复发转移，在北京医学院附属第一医院诊断。后入住 304 医院进行化疗。

7 月 9 日病逝，送八宝山火化，于 1996 年与朱毓慧合葬于西郊万华山侧。

山西京剧难忘名家陈志清

吕锁森

山西省京剧院的前身是太原市京剧团，成立于1956年。那是社会主义改造时期，在大城市支援全国各地的社会主义文化事业建设的大形势下，天津红风京剧团响应国家号召，整团迁至太原，组建太原市京剧团，并于1968年归省建制改称山西省京剧团，后于1992年扩建为山西省京剧院。省京剧院是一个善演新戏、勇于开拓的一个表演团体。由于在山西开创京剧事业，在素有戏曲大省、梆子摇篮之称的三晋大地求生存、谋发展，必须有过硬的本领。因此入晋以来，以建团元老李铁英、陈云超为首的第一代艺术家，带领着来自津、冀、海等地区的艺术家们，在三晋大地、黄土高原上努力耕耘，开创骄人的业绩，为京剧事业在山西的生根、发芽奠定了基础。

山西省京剧院第一代创业的艺术家主要有文武兼备的团长李铁英和副团团长陈云超以及中国戏曲学校的首届毕业的高材生曹佛生等。此后山西本地的武丑赵小春、著名武旦陈金彪率领的另一支武戏力量相继加入。后期主要有荀派青衣任岫云，以及元老鲍云鹏、袁文琴夫妇，丑行陈凤鑫，铜锤花脸李芝刚、贺喜华夫妇，石少亭、梁碧君夫妇等。他们艰难地开创了太原及山西的京剧事业。

其中特别值得一提的是为山西京剧院做出贡献的著名老生陈志清

老师。陈志清是京剧青衣泰斗陈德霖先生的孙子、余派老生陈少霖的儿子，著名余派老生创始人余叔岩是他的姑父。陈志清的祖辈是在清宫演戏的“内廷供奉”，他出生在这样的京剧世家，然而这些对于京剧并不熟悉的山西观众来说是没有任何帮助的。陈志清老师在艺术上的成功则是完全靠自己的勤奋和钻研取得的。他凭借一副天生的好嗓子、英俊的扮相以及醇厚而浓郁的余派唱法，后来居上，取得了山西省京剧院无可动摇的主演地位。从上世纪 60 年代中后期到 80 年代的中期陈志清老师主演了许多戏，他扮演的角色如样板戏中的杨子荣、郭建光，《郑成功》中的郑成功，《蔡锷与小凤仙》中的蔡锷，《闯王旗》中的李自成，《苗岭风雷》的龙岩松，《八一风暴》中的方大来，不仅如此，像《春草闯堂》的胡知府，本是丑角应工的，他不仅扮演了这个角色，而且还根据剧本规定的情景，有许多独特的创造。当我再看到这出戏时，其他演员的表演都无法让我满足，也无法抹去他所塑造这个生动幽默的艺术形象在我脑海中的深刻痕迹。

录制陈志清专辑有感

姜　芳

2005年新春我们“名段欣赏”栏目选样并录制了一批北京京剧院的节目，这几期节目由我负责担任导演录制，并在近期陆续录出。

在北京京剧院这批节目中，有两期京剧余派老生陈志清先生的节目，这两期节目从录制伊始，就始终吸引着我的注意，也让我接触到一些“新鲜”的专业知识。余派老生陈志清先生出生在梨园世家，自幼就跟随父亲陈少霖先生学习京剧余派老生唱腔，现已退休。在他此次录制的节目中，有很多唱段不同于现今舞台上流传的板式旋律。在这些节目中，有些是京剧艺术大师、余派创始人余叔岩先生曾经留下音像资料，并在这些基础上又参照了孟小冬先生的一些录音资料加以融会贯通。

在录制的《搜孤救孤》一剧中，我认为陈志清先生的演唱可以用两个字来概括——规矩。他的唱腔余派味道纯正，嗓音清爽利落而又不失苍劲醇厚，听起来很有美感，相信喜爱京剧余派唱腔的观众们在欣赏时和我有同样的感受。也许是偏爱这种独特演唱风格的缘故，我也特别想把自己所喜欢的节目谈一谈，跟大家同享这份快乐。

陈志清先生几期节目的录制，促使着我去思考一些问题。传统京剧剧目中的很多唱段，可以说是非常唯美的，它们是那么原汁原味，独具风韵。我认为：京剧是传统的艺术，也应当保持艺术上的传统意蕴。京剧即能够综合体现中华民族的文化艺术特色，其中蕴涵丰厚而浓郁的历史、民俗、风土、人情，也令喜爱它的人们如痴如醉。

我们戏迷的朋友陈志清

古稀人

陈志清在读初中的时候便刻苦学戏，后入李金声先生等组织的联谊京剧团，并向赵贯一、王瑞芝请益。1965 年借调到山西省京剧团，与王毓清、李铁英、任岫云、曹佛生等进京演出《蔡锷与小凤仙》。1987 年调到北京京剧院，擅演《洪羊洞》、《失 · 空 · 斩》、《乌盆记》、《红鬃烈马》、《铡美案》、《碰碑》等，艺宗余派。

我初识陈志清是 1990 年前后在东单新开路胡同“文荟艺苑”票房。他才从山西回京不久，正常演出外，每周末他会来这个票房清唱，我总觉得他唱得不错。

1995 年我去老舍茶馆“戏迷乐”听戏（我为此票房做了一些事），演唱会那天，我和他在西厅外聊了许多，觉得他人很随和。

他与许多名票及戏迷都有交往。他在老舍茶馆演唱《文昭关》时，必请马派名票章乾甫助演东皋公。近年来得到他传艺的两位北京名票李栩和女老生樊傲霜技艺有长足进步：李在第三届中央电视台京剧戏迷票友大赛中获得金奖；樊在北京市朝阳区票友大赛中获得第一名，他们已成为北京地区最好的余派老生名票。

陈志清退休后受聘到中国戏曲学院表演系担任京剧老生的教学工作。有一次期末考试，我们坐在小剧场后两排“偷看”。他从我们跟前过，对我们说：“各位多指教啊！有 3 个老生是我的学生。”这次我又去参加中央电视台首届学生京剧电视大赛中国戏曲学院选手彩排，他接替贾劲松老师指导进入半决赛的裘识同学演唱《碰碑》，后裘识进入决赛。裘识很争气，在陈老师的指导下，一次比一次进步，《坐宫》“叫小番”相当好，荣获金奖。而那次我与他打招呼时，他就一句话：“您看他唱得怎么样？”陈志清老师就是这么个人！

阅《〈立言画刊〉京剧资料选编》之感言[1]

杨秀玲

在当前戏剧研究进一步深入、“京剧学”等新的重大课题正当发轫的大趋势下，作为基础资料的报刊挖掘与整理就显得尤为重要。报刊中的戏剧资料因其及时性、时代性而具有了独特的价值，这一点早已引起人们的注意。2009 年 11 月由学苑出版社出版，陈志明、王维贤选编，钮镖审稿的《〈立言画刊〉京剧资料选编》（以下简称《选编》）问世，对于研究中国戏剧史，尤其中国京剧史起到了重要的参考和借鉴作用。虽然此《选编》只是《立言画刊》（以下简称《画刊》）的部分期刊，部分资料，但基本上已经囊括了 20 世纪三四十年代中国京剧发展的各个方面。

一、《选编》出版之宗旨

《立言画刊》从创刊至今已有七十余年，发行量虽大，但能够完整保存的部门和个人并不多。况且，《画刊》因年代久远，纸脆掉渣，极易损毁等原因，许多图书馆（室）拒绝读者查阅原始资料，造成大量京剧资料“藏在深闺人未识”，这不能不说是戏剧研究中的一大遗

1　本文作者为天津艺术研究所资料中心主任，副研究员。

憾。基于以上原因，选编者对《画刊》中京剧资料的整理是势在必行，而此项工作确实填补了戏剧研究和文献开发的一项空白。正如选编者所言，出版此书“本着弘扬中华传统文化、传承京剧艺术的宗旨，为了解、研究20世纪上半叶京剧发展历史提供方便”。

选编人员从2001年开始着手资料的收集工作，他们从京、沪两地的图书馆，进行前期资料查找、复印，回来后进行遴选、整理、审校。先期选定部分资料于2005年自费内部印行，推荐给友人和戏曲爱好者，得到京剧界专家、学者、演艺人员和戏迷朋友的赞誉。为满足大家的要求，2009年又在中国京剧艺术基金会和学苑出版社的大力支持下，在原有基础上扩充内容，正式公开出版，以飨读者。

二、《选编》所选之内容

《选编》从《立言画刊》1938年10月1日第1期开始至1945年8月25日第353期止，共收录京剧资料两千篇，88万字。主要内容包括前言、目录、正文、索引四大部分，书前附有珍贵照片，有些为初次发表。正文按年代、刊期、页码排序，其内容涵盖了剧本、剧评、剧史、剧场、剧艺、剧记、剧讯、班社、伶艺、掌故等京剧艺术的各个方面。

三、《选编》出版之价值

1. 让“不可再生资源”再生。在当前京剧学研究不断推进的全新阶段下，《画刊》中的京剧资料因其及时性、时代性而具有了独特的价值。目前，大陆已有内部资料《〈申报〉京剧资料选编》、《〈申报〉昆剧资料选编》问世，台湾也公开出版了《日治时期台湾报刊戏曲资料汇编》、《台湾〈日日新报〉与〈台南新报〉戏曲资料选编》。这些报刊专题选编的出版无疑进一步推动了戏剧研究乃至京剧学的学科建设。由于历史资料的载体多为纸质，很容易在历史的风尘中灰飞烟灭；而历史资料本身由于形成于特定的历史时期，也就具有了不可复制性。从这两层意义上来说，历史资料也是一种“不可再生资源”。但任何事情都事在人为，对于历史资料，如果非要等到迫不得已的时候才去抢救，那无疑是文化艺术工作者的失职。今天，《〈立言画刊〉京剧资料选编》选编者能够从挖掘眼光、鉴赏眼光、研究眼光再现历史，本身就是使“不可再生资源”再生。

2. 京剧文献资料内容宏富。《选编》所选京剧文献史料种类多样，洋洋两千篇文，虽然并未穷尽《画刊》京剧史料之所有，但基本上涵盖了剧本、剧艺、剧史、剧场、班社、伶艺等京剧剧目、京剧文学、京剧表演、京剧班社等各个方面，可称为京剧研究不可多得的文献宝库。我们从中可以比较全面了解民国时期，尤其抗战时期京津两地京剧发展的历史状态。“孤血谈剧”、“凌霄汉阁剧话”、“天津专页”、“脸谱勾奇”等栏目的大量文章，或写观剧随感，或记梨园掌故，或评伶艺剧目，作者皆是行家里手，见微知著，探讨问题细致深入，对于今天的戏剧研究者来说颇具启发意义，其本身也是不可多得的戏剧史料。

3. 选录文章作者多为资深评论家。《选编》编选者或出身梨园世家或为京剧痴迷者，他们对京剧史料颇有研究，熟悉专业知识，因而选录的文章作者多为长期从事戏剧工作的实践者或为深谙戏剧原理的资深评论家，如徐凌霄、汪侠公、景孤血、翁偶虹等。他们的文章皆自成系统，具有极高的学术水平，是研究戏剧史、戏剧理论史不可或缺的宝贵资料，对于研究戏剧原理、艺术规律也具有很高的借鉴价值。

4. 是查阅京剧史料的极好参考书。《选编》的出版为戏剧表演者、戏剧研究者、戏剧爱好者提供了不可或缺的参考文献，对于社会学、历史学等相关领域的研究者也有一定的参考价值。《选编》从 2005 年内部出版，到 2009 年公开出版，引文率已经显现，费玉平《京剧旦角流派唱腔音乐研究》、赵山林《尚长荣艺术断想》、王安祈《生命风格的复制——以余叔岩、孟小冬师徒关系为例论京剧流派的人意涵》

等文章的论点、论据均引自此书，该书为戏剧研究者提供了极其丰富珍贵的一手资料。

总之，《〈立言画刊〉京剧资料选编》的史料价值和学术价值都是独特而不容忽视的，而《选编》的整理出版，使《立言画刊》得以被世人关注，必将大大方便戏剧研究者检索和查找文献，从而对当前京剧学研究起到积极的推动作用。

评介著名京剧琴票陈志忠

吕盛春

因为喜欢听陈志清先生的唱，所以热衷收集他的音像资料。2005年得到一盘《陈志清余派须生唱腔》的CD，精选了《搜孤救孤》、《打侄上坟》、《沙桥饯别》等剧目的十几段唱腔，听后十分过瘾。志清先生幽雅隽永的“余腔”和乐师们和谐动听的伴奏，把沁人心脾的优美旋律馈赠给喜爱他们的戏迷们。陈志清先生唱得好，给他伴奏的京胡拉得也漂亮。后来才知道竟是志清先生的胞弟陈志忠先生。市级的艺术家录制唱盘，用非专业京胡琴师伴奏，以往并不多见。

陈志忠先生是著名京剧前辈陈德霖的嫡孙、陈少霖先生的幼子。他出生于1953年，由于生长在京剧世家，受到了潜移默化的影响，对京剧艺术有特殊的感情，尤其喜爱京胡。陈志忠早年曾受著名琴师王瑞芝的指授，后师从著名琴师何顺信的入室弟子王韵石先生。他虽然没做专业琴师，但长期为其兄陈志清吊嗓、伴奏，对余派唱腔熟悉并有较深的理解。

陈志忠先生秉承家风，为人低调不张扬。多年来潜心研习京胡艺术，除主攻“余派老生”外，对马、谭、杨、奚等老生唱腔和青衣的“张派”也很有研究，已经是北京的著名琴票了。他经常受邀为专业演员和名票伴奏，近年来常为张派大弟子薛亚萍吊嗓子，对提高其伴奏水平有很大帮助。因为他性格谦和厚道，总得到合作者的称赞。

陈志忠先生操琴的风格平正大方，手音很好听，指法灵活有力；伴奏快板时字字清晰，节奏把握准确，不急不躁。例如在《搜孤救孤》“法场”一场，程婴唱完“无奈何烧纸把酒奠”后的一段哭皇天曲牌，陈志忠先生演奏得非常精彩，显示了他出色的基本功。这一段的节奏比其他戏要快，也是琴师向观众展示演奏技巧的时机，但陈先生说：“别为了‘要好’把‘戏’拉没了。这是程婴与好友和亲子诀别的时刻，不能拉得火爆，要拉出程婴内心凄惨和苦楚。”还听陈先生讲过对三个“一轮明月”的见解（即《文昭关》、《清官册》、《捉放曹》三出戏中老生同样的二黄慢板唱段），伍员是“愤恨”；寇准是“疑虑”；陈宫是“悔恨”，情绪和节奏是不一样的，不能“一个味儿”。可见陈先生不仅仅注重演奏的技法，还不断地追求更高境界的操琴艺术。

前不久，陈志忠先生又与两位名票合作录制了两套 CD，一位是北京的樊傲霜女士，一位是天津的林明珠女士。

樊傲霜女士是当年春阳友会主持人樊迪生的外孙女，是京城著名的余派老生票友，她退休前在北京科学教育电影制片厂担任动画片导演。2000 年她参加东城文化馆京剧传承班，得到白元鸣、孙岳、陈志清等名家的指导。几年来，她已经完整地学了十几出余派经典剧目，并且多次在舞台上实践演出了。这次由陈志忠操琴合作录制了《樊傲霜余派唱段》，有《搜孤救孤》、《打侄上坟》、《桑园寄子》、《沙桥饯别》、《法场换子》等剧目的 18 个唱段，充分展示了她十几年学唱京剧的成果。樊傲霜女士的嗓音苍劲明亮、韵味醇厚，没有雌音。演唱方法纤巧松弛，行腔吐字十分清晰，节奏掌握准确到位。《法场换子》的大段反二黄唱得苍凉凄苦、如泣如诉，把徐策面对忠良、爱子即将惨遭屠戮的悲恸和无奈宣泄无遗，实为珍品。

林明珠女士，天津人，父母、姐妹、女儿三代人痴迷京剧，可谓“戏迷家庭”。林明珠女士酷爱“张（君秋）派”艺术，得到著名戏曲声乐专家孙松林教授的指导，又向著名琴师王铁本先生系统学习京剧理论知识和戏曲发声法。经过多年的刻苦学习、实践，林明珠女士的演唱水平逐年提高。这次录制的 CD 名为《沧海月明珠自韵》，含《祭塔》、《状元媒》、《三堂会审》和《春秋配》。其中《祭塔》一剧已多年鲜见舞台，40 多句的大段唱词唱腔，能够达到字字含情，句句动听，可见其演唱功力之一斑。

陈志忠先生虽然是一位业余的琴票，但他的演奏与演唱者配合默契，让他们唱得舒服，充分发挥演唱者最好的艺术效果，是不可多得的良弼。

附录

陈氏家族世系表

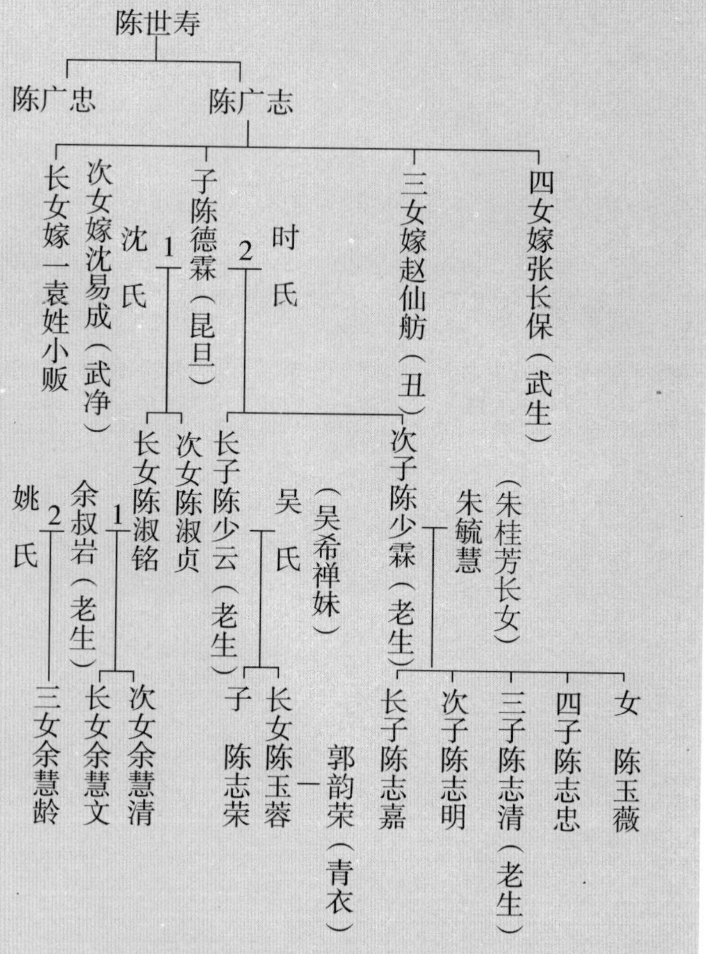
陈世寿
陈广忠
陈广志
长女嫁一袁姓小贩
次女嫁沈易成（武净）
子陈德霖（昆旦）
1 沈氏
2 时氏
三女嫁赵仙舫（丑）
四女嫁张长保（武生）
长女陈淑铭
次女陈淑贞
1 余叔岩（老生）
2 姚氏
长子陈少云（老生）
吴氏
（吴希禅妹）
次子陈少霖（老生）
朱毓慧
（朱桂芳长女）
三女余慧龄
长女余慧文
次女余慧清
子 陈志荣
长女陈玉蓉
郭韵荣（青衣）
长子陈志嘉
次子陈志明
三子陈志清（老生）
四子陈志忠
女 陈玉薇

主要参考文献

〔1〕陈志明编著《陈德霖评传》，文津出版社 1998 年版。

〔2〕陈志明、王维贤选编，钮骠审稿《〈立言画刊〉京剧资料选编》，学苑出版社 2009 年版。

〔3〕王芷章著《清代伶官传》，中华书局 1936 年版。

〔4〕周明泰著《五十年来北平戏剧史材》，1932 年版。

〔5〕周明泰著《道咸以来梨园系年小录》，中国戏曲研究院编纂，1985 年。

〔6〕谢思进、孙利华编著《梅兰芳艺术年谱》，文化艺术出版社 2009 年版。

〔7〕陈超编《圭璋蕴璞——京剧小生祭酒姜妙香纪念集》，中国书店，2010 年版。

〔8〕刘雪涛、刘景玉著《雪涛艺术流年》，学苑出版社 2011 年版。

〔9〕京、津、沪的报纸：《实事白话报》、《顺天时报》、《新民报》、《北京日报》、《大公报》、《益世报》、《申报》等。

图书在版编目（CIP）数据

陈门三代　梨园世家 / 陈志明主编．—北京：学苑出版社，2014.5

ISBN 978-7-5077-4484-2

Ⅰ．①陈…　Ⅱ．①陈…　Ⅲ．①陈德霖（1862～1930）－传记②陈少霖（1911～1967）－传记③陈志清－传记　Ⅳ．①K825.78

中国版本图书馆 CIP 数据核字（2014）第 059134 号

出 版 人：孟　白
责任编辑：潘占伟
装帧设计：徐道会
出版发行：学苑出版社
社　　址：北京市丰台区南方庄 2 号院 1 号楼
邮政编码：100079
网　　址：www.book001.com
电子信箱：xueyuan@public.bta.net.cn
销售电话：010-67675512　67678944　67601101（邮购）
经　　销：新华书店
印 刷 厂：保定市彩虹艺雅印刷有限公司
开本尺寸：710×960　1/16
印　　张：15.25
字　　数：205 千字
版　　次：2014 年 6 月第 1 版
印　　次：2014 年 6 月第 1 次印刷
定　　价：56.00 元